„Als Bub kannte ich jedes Pferd und jeden Hund
auf Norderney und in Norden „persönlich",
und wenn die Tiere jetzt noch lebten,
würde ich sie alle wiedererkennen."

Wilhelm Krieger, 1922

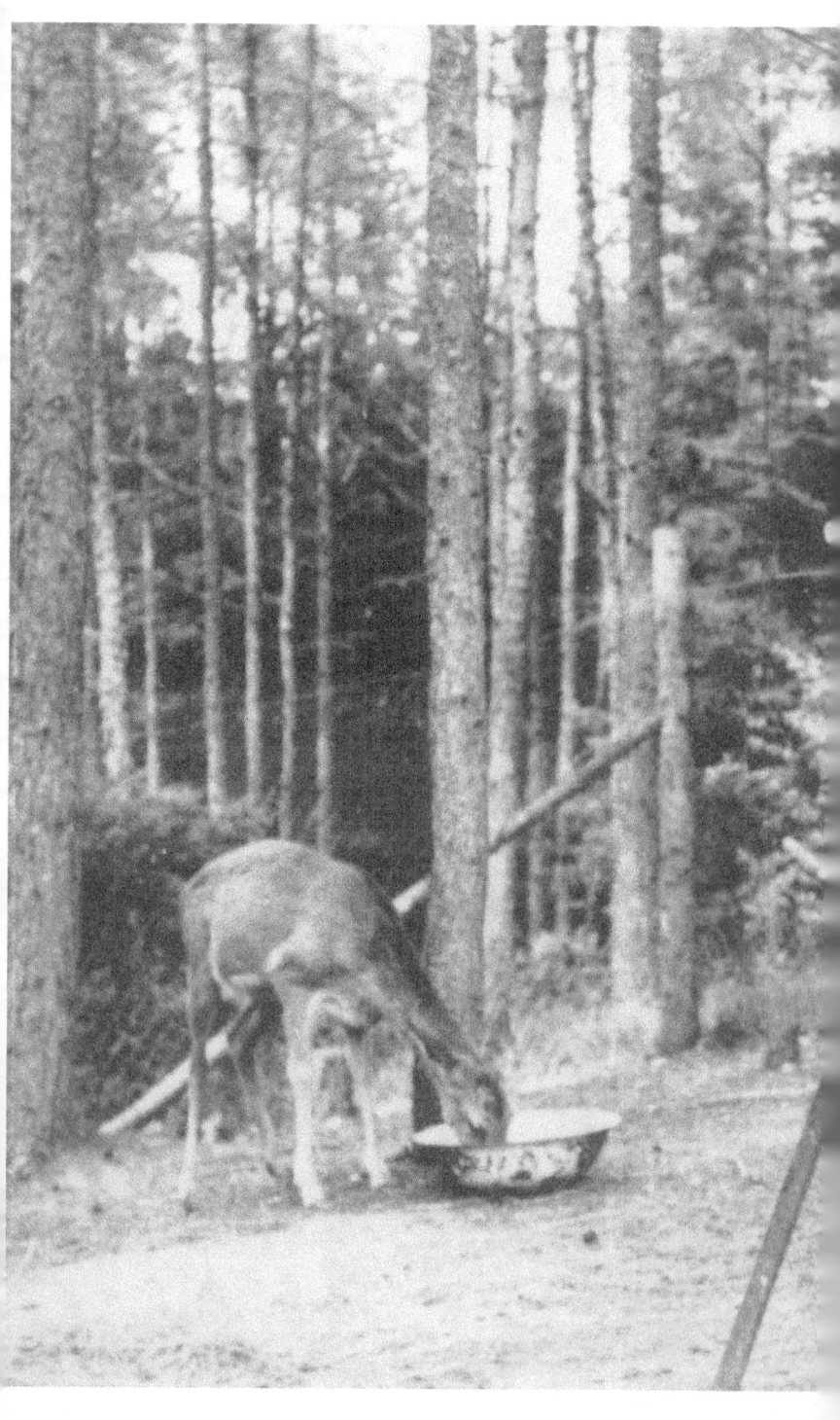

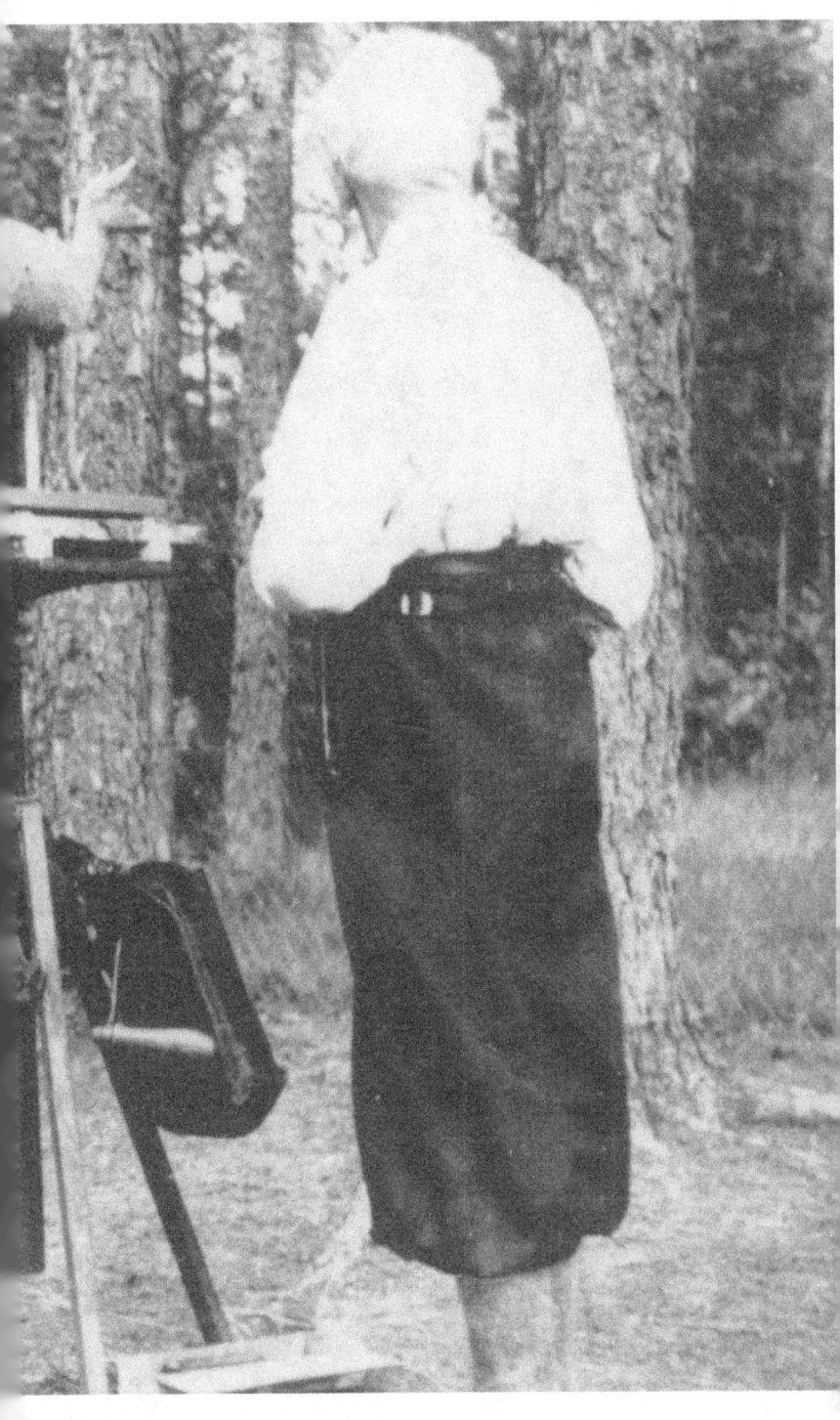

Wilh. Krieger

„Wilhelm Krieger
Tierbildhauer und Professor
(1877 Norderney - 1945 Herrsching)"
Conversationshaus zu Norderney
14. März - 3. Mai 2010

„Poppe Folkerts und Wilhelm Krieger"
bade~museum, Norderney
13. Juni - 29. August 2010

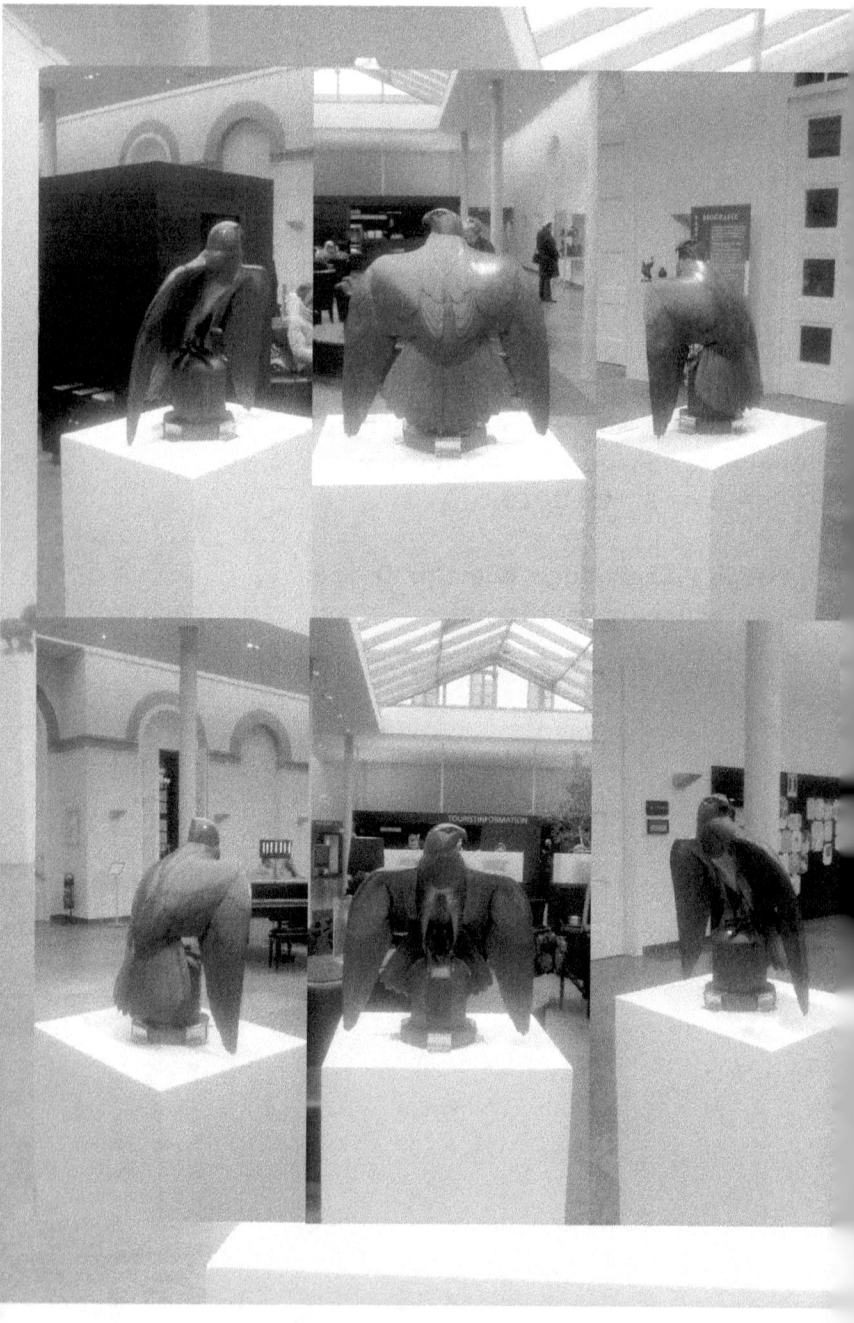

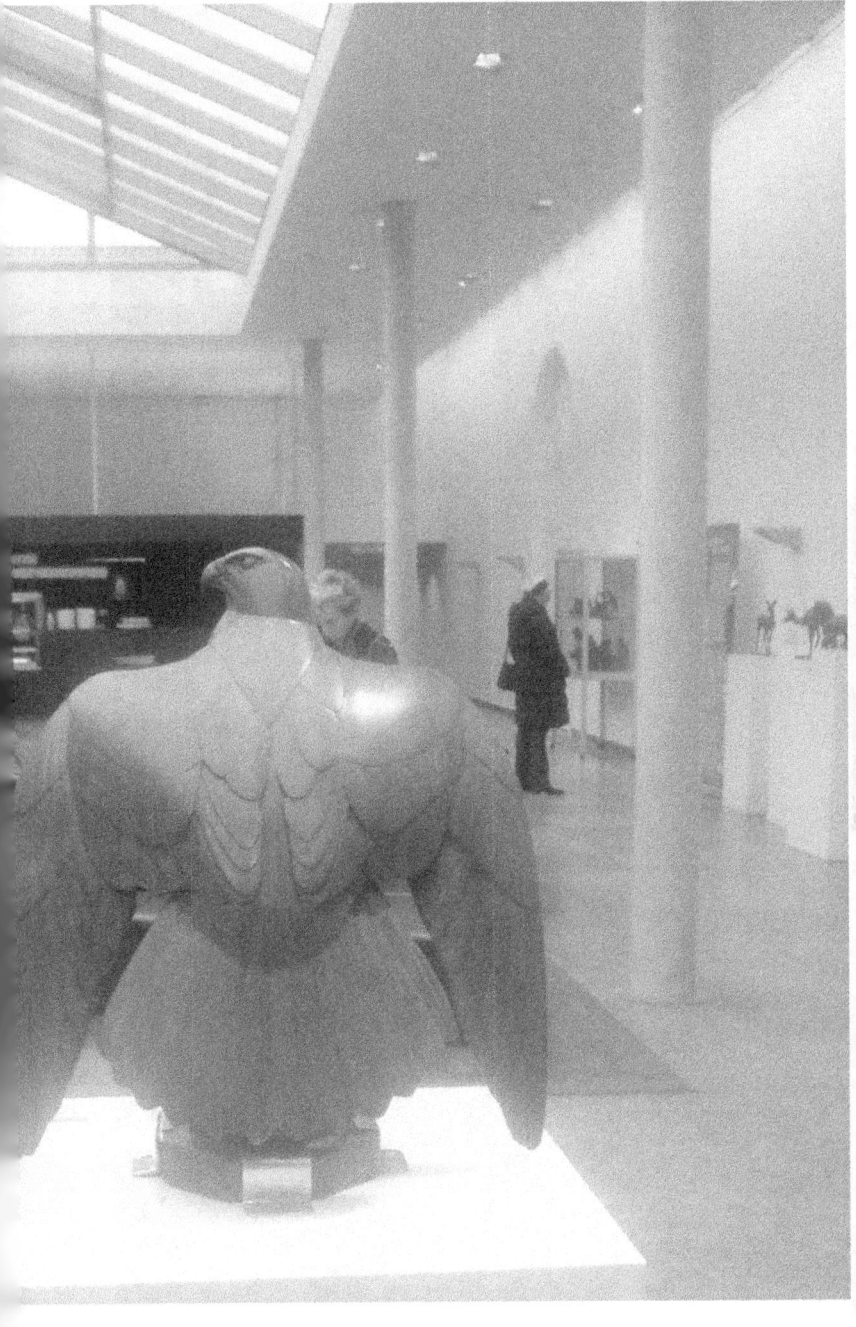

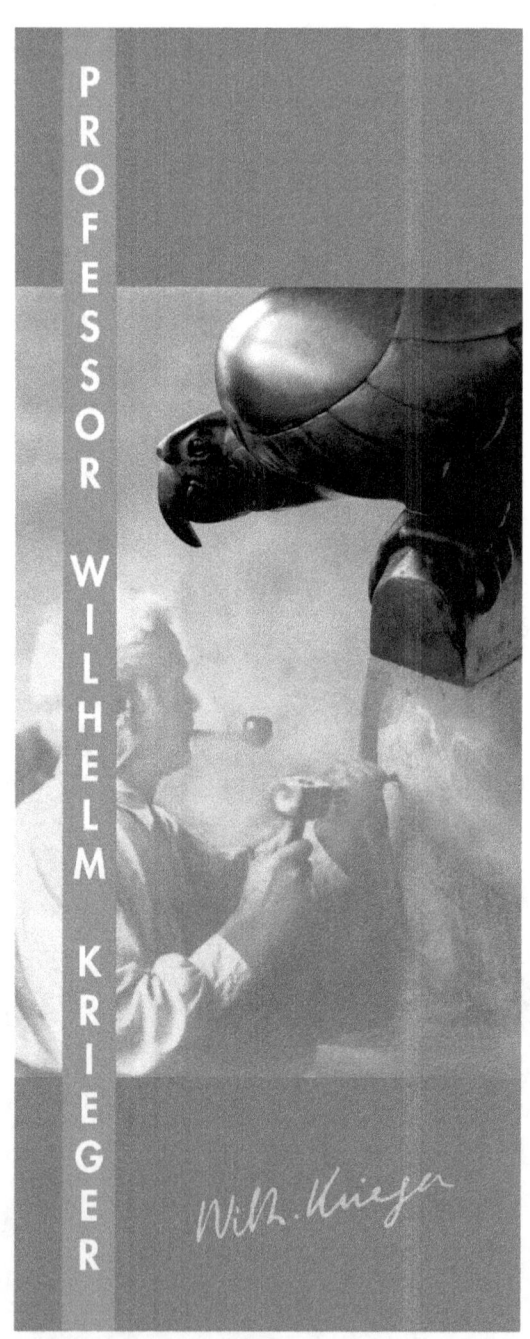

Wilhelm Krieger

Tierbildhauer und Professor
(1877 Norderney - 1945 Herrsching)

REGARDEUR IV

Zum Sehen geboren,
Zum Schauen bestellt,
Dem Turme geschworen
Gefällt mir die Welt.

Ich blick' in die Ferne,
Ich seh' in der Näh'
Den Mond und die Sterne,
Den Wald und das Reh.

So seh' ich in allen
Die ewige Zier,
Und wie mir's gefallen,
Gefall' ich auch mir.

Ihr glücklichen Augen,
Was je ihr gesehn,
Es sei, wie es wolle,
Es war doch so schön!

Johann Wolfgang von Goethe
Türmerlied (Faust II, 5. Akt)

Inhalt

Per aspera ad astra – Wilhelm Krieger, Tierbildhauer
Martin H. Schmidt 15

Wilhelm Krieger – Meine Wiege stand auf Norderney
Manfred Bätje 21

Brief an Poppe Folkerts, 7. Juli 1944
Wilhelm Krieger 29

Ihrer zwei möchte ich hier gegenüberstellen
Ludwig Heck 31

Der Bildhauer Wilhelm Krieger
Ludwig Gurlitt 39

Tierplastiken
Fritz von Ostini 45

Poppe Folkerts, der ostfriesische Seemaler
Theodor Allwardt 49

Zum 10ten Todestag
Dorothea Grube 51

Abbildungen und Zitate
Dorothea Grube, Ludwig Gurlitt, Ludwig Heck, Fritz von Ostini, Volker Tank und Wilhelm Krieger zu:
Hund, Reh, Katze, von Vögeln Ente, Zwerghuhn, Pute, Habicht, Adler, Eule, Dohle; von fremdländischen Tieren ein Arara und ein Kakadu-Paar 69

Biografie Professor Wilhelm Krieger 109
Bittschreiben der Schwiegermutter 111

Abbildungsnachweis 113
Die Autoren 115
Impressum 117

Per aspera ad astra – Wilhelm Krieger, Tierbildhauer

Martin H. Schmidt

Geboren wurde Wilhelm Krieger 1877 auf Norderney, seine Schulzeit aber verbrachte er bei Verwandten in Norden. Im dortigen Ulrichgymnasium ging er zur Schule. Ohne Abschluss verließ er Norden und begann – vermutlich durch Beziehungen, die sein Vater einfädeln konnte – eine Lehre zum Dekorationsmaler in Bremen. Diese Lehre schloss er ebenfalls nicht ab. Er war sich – soweit können wir Kriegers Selbstzeugnisse auswerten – seiner kommenden Zukunft sehr deutlich bewusst. Künstler wollte er werden. Angespornt durch seinen Kindheitsfreund Poppe Folkerts, der genauso wie Wilhelm Krieger, Schüler und Geselle des Malermeisters Theodor Krieger, Wilhelms Vater, war. Poppe Folkerts war ein begeisterter und begnadeter Maler, er malte in seiner Freizeit alles, was er um sich herum sah; besonders Landschaft, Meer und Schiffe. Wilhelm Krieger wollte ihm darin nicht nachstehen, doch sah er sein Schicksal nicht in der Nähe des Meeres. Er ließ sich aufs Festland ziehen und noch weiter, tief in den deutschen Süden.

Welche Kunstzentren gab es um 1900 in Europa und Deutschland? Sie sind schnell aufgezählt. Allen voran Rom und Paris, gefolgt von Madrid, Prag, St. Petersburg, Moskau und Stockholm. Innerhalb des Deutschen Reiches gab es nur zwei künstlerische Zentren. Eines im Norden, die Hohenzollern in Berlin und im Süden die Wittelsbacher in München. Beide Städte proklamierten die Hoheit über die Künste für sich, Kaiser Wilhelm II. aufbrausend und extrovertiert; Prinzregent Luitpold, immer noch im Schatten von

König Ludwig II., eher zurückgezogen, selbstvergessen. Und auch die Bevölkerung spiegelte eben diese Herrscherstimmung wider. Im Norden die Exzentriker, die in Luxus und technischer Schnelligkeit schwelgenden; im Süden, die in Bierseligkeit und Selbstzufriedenheit gelassenen Münchner. Allem Fremden skeptisch gegenüber, nur ihre eigene Heimat- und Vereinsgeselligkeit tolerierend.

Wilhelm Krieger wählte den ruhigen Süden für sich und seine Zukunft. Wir können aber davon ausgehen, dass er zumindest eine kurze Zeit in Berlin verbracht hatte. Er kannte die wichtigen Personen des Kunsthandels, er wusste um die Mechanismen des Kunstmarktes und wusste, wen er fragen und mit wem er in Kontakt treten musste; auch in Dresden und Leipzig hatte er sich offensichtlich über Verkaufsmöglichkeiten informiert.

Sein Lebensweg führte ihn nach München. Zunächst schrieb er sich in der Kgl. Kunstgewerbeschule ein, doch bereits nach dem 1sten Semester verließ er die Lehranstalt; und, wir können uns dieses Immatrikulieren und wieder Austreten dergestalt vorstellen, dass nur wenige Monate, wenn nicht sogar nur wenige Wochen zwischen dem ersten Schritt in die Lehranstalt und dem Schritt wieder aus derselben verstrichen. Wie in Norden und in Bremen so bricht Wilhelm Krieger auch in München eine einmal begonnene Ausbildung ab.

Was und wie Wilhelm Krieger seinen Lebensunterhalt in den folgenden Jahren verdient hat, lässt sich – wie so oft, nur zwischen den Zeilen ablesen – er hat sich „durchgelandschaftert". Wie eine Vielzahl von angehenden deutschen Künstlern versucht Krieger offensichtlich mit Auftragsarbeiten Geld zu verdienen. Gefragt wurde im aufstrebenden Bürgertum naturalistisch-idealisierende Porträts von Hausherr und Hausfrau, ebenso wie Pferdeporträts und die so genannten Kapitänsbilder, die Schiffsporträts. Doch sein Erfolg muss mäßig gewesen sein. Von welchen Finanzmitteln er schließlich 1903 gemeinsam mit einem Künstlerkollegen die Firma Zierhut&Krieger gründen kann, ist nicht bekannt. In den folgenden Jahren scheint Wilhelm Krieger recht erfolgreich im kunstgewerblichen Vertrieb zu agieren. Sein kühler norddeutscher Handelsgeist ist ihm hierbei offensichtlich sehr behilflich. Seine kunstgewerblichen Entwürfe schickt er auf Messen und gewerbliche Ausstellungen; wiederholt werden seine Zieräthe und seine Geschirre in Fachzeitschriften lobend erwähnt.

Die Arbeit als Gürtler mit Metall, das feine Ziselieren von Oberflächen scheinen seinem Charakter sehr entgegen zu kommen. Hier verbindet er seine Vorliebe für das harte und sperrige Material Bronze und das Formen in weichem Wachs, Ton und Gips mit seiner Liebe zu Tieren und der Natur.
Autodidaktisch nähert er sich dem Modellieren, dem Bronzeguss, dem Ziselieren und dem Patinieren. Offensichtlich hatte er nichts zu verlieren, aber alles zu gewinnen.

Unmittelbar mit seinem ersten Versuch Mitglied einer Künstlervereinigung zu werden, landet er einen großen Erfolg. Das, worum andere – einheimische Münchner Künstler – jahrelang erfolglos kämpften, gelingt Wilhelm Krieger problemlos. Mit seiner dreiteiligen „Hasengruppe" schafft er 1907 auf Anhieb den Sprung in die Ausstellung der Münchner Secession und, es gleicht einem Wunder, 12 Kopien seiner Bronzegruppe werden unmittelbar geordert. Seit dieser Zeit beschickt Krieger die Ausstellungen der

Secession jährlich und mit Erfolg. Er hatte seinen eigenen Weg gefunden.

Tierdarstellungen in Lebensgröße in gattungsspezifischer Ausformung, naturalistisch gegeben, ohne die neobarocke Attitüde des staatstragenden Berliner Bildhauers Reinhold Begas, ohne symbolüberladene Vermenschlichung, wie es bei den französischen Tierbildhauern um und nach Antoine Barye der Fall war; das war Wilhelm Kriegers Alleinstellungsmerkmal.

Natürlich und ehrlich, charakteristisch und genau, abstrakt und doch im Detail treffend. Dabei nie oniristisch, d.h. das Zusammenspiel von Mensch und Bestie suchend, sondern immer das einzelne Tier im Fokus.

In München kam ihm der von Adolph von Hildebrand etablierte und bodenständige Münchner Klassizismus sehr zu pass, das Publikum war durch Hildebrand auf Kriegers Figuren vorbereitet, was Krieger Bestreben sehr unterstützte.

München war bereits um 1900 eine Stadt mit hohen Lebensunterhaltungskosten und horrenden Immobilienpreisen. Die künstlerische Bohemien lebte oberhalb der Maxvorstadt im Dorf Schwabing. Durch einen Zufall, erfuhr Wilhelm Krieger von der kleinen Künstlerkolonie Wartaweil nahe dem idyllischen Dorf Herrsching am Ammersee. Mit der von dem Landschaftsmaler Ludwig Scheuermann gemeinsam mit Graf Hans-Veit zu Toerring neu erschlossenen Bahnstrecke war Herrsching in fast einer Stunde vom Münchner Zentrum aus zu erreichen und, abgesehen von der Villenkolonie Lochschwab, waren die Grundstückspreise im Fischerdorf Herrsching noch erschwinglich. „Im ganzen

Seengebiet", so schrieb der Münchner Jurist und Schriftsteller Karl Stieler vor gut 130 Jahren, „ist dieser Winkel vielleicht die vollendetste Idylle."

Wilhelm Krieger tat einen weiteren wichtigen Schritt in seiner Lebensplanung, er erwarb ein Grundstück nahe des neuen Herrschinger Bahnhofs unmittelbar am Ammersee gelegen. Hier konnte er viele Vorzüge vereinen, die Natur, die Zurückgezogenheit, genügend Platz für sich, seine Tiere und seine Familie. 1912 heiratete er die Keramikerin Emilie Butters. Mit ihr hatte er 5 Kinder, 2 Söhne, 3 Töchter.

Ich selbst habe Wilhelm Krieger erst vor sechs Jahren für mich entdecken können. Als ich in der Münchner Kunst-gießerei Niedermaier in der Werkstatt stand und mein Interesse von einem putzigen Nasenbären gefesselt wurde, der in Scheitelhöhe auf mich herunter schaute. Ich fragte den Werkstattleiter nach dem Urheber; fünf Minuten später telefonierte ich mit dem Sohn und Nachlassverwalter des Künstlers, dessen jüngsten Sohn, Hajo Krieger. Zwei weitere Wochen später, und ich saß in Herrsching mit Blick auf das ehemalige Atelier des Künstlers, bei Hajo Krieger und seiner Ehefrau Susanne. Ich erhielt Einblick in das mit familiärer Leidenschaft zusammengetragene Archiv und der Wunsch wurde formuliert, ein Werkverzeichnis zu erstellen und Ausstellungen ausserhalb Herrschings zu organisieren.

Auch heute noch fehlt eine angemessen Würdigung des Lebenswerkes von Wilhelm Krieger, ein Werkverzeichnis und eine repräsentative Ausstellung in München. Wilhelm Krieger wartet noch darauf, seinen Platz inmitten der anerkannten, großen deutschen Tierbildnern einnehmen zu dürfen, unmittelbar neben August Gaul, Fritz Behn, Fritz Klee, Theodor Kärner, Hugo Lederer und Renée Sintenis.

Die nächsten Schritte werden hierzu ihren Beitrag leisten. Zunächst das Werkverzeichnis, das voraussichtlich 2011 im PH.C.W.-Schmidt-Verlag (Neustadt an der Aisch) erscheinen wird, Doppelausstellung gemeinsam mit Werken seines Jugendfreundes Poppe Folkerts im bade~museum in Norderney und eine Einzelausstellung, die mir als Sonderausstellung eines Münchner Museums zugesagt wurde.

Der Norderneyer Stadtarchivar Manfred Bätje hat mit seiner grundlegenden Recherche in Norderneyer Akten und Archiven wichtige und bisher unbekannte Erkenntnisse zur Familiensituation von Wilhelm Krieger zusammengetragen. Die vorliegende Publikation ist ein erster Schritt in die Öffentlichkeit und wir hoffen hiermit, einen Grundstock für die weitere wissenschaftliche Bearbeitung zu legen.

Es gilt nun, die Position des Bildhauers Wilhelm Krieger im Umfeld seiner Zeit zu bestimmen und seinen Einfluss auf die heutigen Kunstschaffenden darzustellen.

Ohne die aufopfernde Tätigkeit von Hajo und Susanne Krieger wäre die Forschung zu Wilhelm Krieger nicht existent; ihnen gilt mein besonderer Dank.

Wilhelm Krieger – Meine Wiege stand auf Norderney

Manfred Bätje

Wilhelm Krieger hat es den Biographen nicht leicht gemacht, da aus seinen frühen Jahren, wie auch dem späteren Leben, kaum eigenhändig verfasste Notizen und Erinnerungen vorhanden sind. Bemühen wir also die wenigen Dokumente, wozu im Wesentlichen Adressbücher, Melderegister, Unterlagen des Standesamtes, Norderneyer Badezeitung gehören, sowie das Wissen über die Zeit, in die Wilhelm Krieger hineingeboren und aufgewachsen ist.

Am 8. Juni 1877 zeigte der Maler Theodor Eduard Krieger, wohnhaft zu Norderney, Damenpfad 3, an, dass von der Gretje Wilhelmine Theemann, seiner Ehefrau, reformierter Religion, in seiner Wohnung am 2. Juni 1877 morgens um 7 Uhr ein Kind männlichen Geschlechts geboren sei, welches die Vornamen: Wilhelm Siegmund Anton Louis erhalten habe.

Theodor Eduard Krieger und seine Frau Gretje kamen aus Norden, wo schon vor 1850 Tjark Friedrich Krieger, der Großvater von Wilhelm, das Malerhandwerk ausübte.

Sie, die Eltern, kamen 1873 auf die Insel. Mit Beginn des Jahrzehnts, fünf Jahre nachdem Ostfriesland wieder preußisch war, begannen auf Norderney die Gründerjahre. Die Nachfrage nach einem Aufenthalt in der Königlichen Seebadeanstalt nahm seitdem stetig zu. Mit der Ausweisung großer Bauflächen westlich und nördlich des Inseldorfes entstanden neue Quartiere für Badegäste, vor allem weitere Hotels und Pensionen. Mit diesem „Bauboom" ergaben sich günstige Voraussetzungen für das Bau- und Baunebengewerbe, was dazu führte, das sich erst jetzt auf der Insel das Handwerk auszuweiten begann. Nachdem 1869 die Zuzugsbeschränkungen zur Insel fielen, nahmen auch Handel und Gewerbe zu, die ebenso wie das Handwerk, in der Hauptsache von Zugezogenen vom Festland ausgeübt wurden.

Es waren hauptsächlich Zuwanderer aus den ostfriesischen Kleinstädten und Küstendörfern, die sich in „Klein-Amerika", so wurden die Inseln wegen ihrer rasanten Entwicklung und der guten Erwerbsmöglichkeiten genannt, niederließen und u.a. das Handwerk ausweiteten. Denn gerade für die heranwachsenden Söhne festländischer Handwerker und Kaufleute war wegen Fehlens von größeren Städten und der ungünstigen wirtschaftlichen Bedingungen in Ostfriesland der Weg in die Selbständigkeit schlecht.

In Zahlen ausgedrückt: In der für Norderney so bedeutenden Entwicklungsphase von 1867 bis zur Jahrhundertwende stieg die Gästezahl von rund 3.800 auf 26.000 an, versiebenfachte sich somit. Die Einwohnerzahl nahm von rund 1.400 auf mehr als 4.000 zu, die Zahl der Wohngebäude von 252 auf 619.

Es ist nicht ganz unwahrscheinlich, dass der Maler Theodor Eduard Krieger von seinem Onkel, Tischlermeister Poppe Krieger (geboren 1819 in Norden, wohnhaft auf Norderney), zum Zuzug auf die Insel motiviert wurde. Theodor Krieger muss erfolgreich gewesen sein. Zunächst im Damenpfad 3 (heute Johann Bents) wohnend, ließ er sich bereits 1882, nach fast einem Jahrzehnt auf Norderney, in der Kreuzstraße (Nr. 10, heute Haus Sonnenwind) ein Pensionshaus bauen. Hierin befanden sich neben der

Wohnung, die für sieben Kinder ausreichend groß sein musste, auch die Malerwerkstatt und mehr als 25 Zimmer für die Gästevermietung.

Wilhelm Krieger ist demnach in gut situierten Verhältnissen groß geworden, wodurch ihm auch ab April 1888 der Besuch des Ulrichgymnasiums in Norden ermöglicht wurde, was natürlich eine gewisse Begabung und gute Noten voraussetzte.
Mit dem Umzug nach Norden, hier vermutlich in das Haus der Großeltern Tjark Friedrich und Antje Louise Krieger, waren für Wilhelm Krieger die Kinderjahre auf Norderney vorbei.

Nur für Tage bzw. in den Ferienzeiten wird er seine Eltern und Geschwister auf Norderney besucht haben.

1893, im Alter von 16 Jahren, beendete Wilhelm Krieger ohne Abschluss den Besuch des Gymnasiums in Norden und begann nun eine Lehre als Dekorationsmaler in Bremen. Wieder ohne Abschluss brach er diese Lehre ab und ging 1896 an die Königliche Kunstgewerbeschule nach München. Die Residenzstadt war seitdem sein Zuhause, ab 1912 dann Herrsching am Ammersee, wo Krieger bis zu seinem Tode lebte. Besuche auf der Insel können nicht nachgewiesen werden; waren wohl auch kaum möglich, da er in sehr dürftigen Verhältnissen lebte.

Bereits im Alter von 46 Jahren starb im Mai 1895 sein Vater, am 31. August 1914 dann seine Mutter mit 64 Jahren. Bekanntgemacht am 1. September 1914 durch ihre Tochter Wilhelmine, welches sie auch namens ihrer abwesenden, teils im Auslande befindlichen sechs Brüder tiefbetrübt zur Anzeige brachte. Wilhelmine 1880 geboren, ledig, bewirtschaftete die Villa Wilhelmine, Friedrichstraße 35, welches 1908 ihre Mutter erbauen ließ. Sie ist nach dem Tod der Mutter die einzige, die von der Familie noch auf Norderney lebte. 1922 veräußerte sie sowohl die Villa Wilhelmine wie auch ihr Elternhaus in der Kreuzstraße 10, um aufs Festland zu ziehen.

Was die Zeit überdauerte, war die Beziehung Wilhelm Kriegers zu den Spielkameraden und Freunden aus der Kindheits- und Jugendtagen, wozu Theodor Allwardt, geboren 1876 auf Norderney und Sohn des Bauunternehmers Arnoöd Allwardt, Herrenpfad 13, sowie der 1875 geborene Poppe Folkerts gehörten.

Die Freundschaft mit Poppe Folkerts ergab sich auch dadurch, dass dieser im Oktober 1890 beim Malermeister eine dreijährige Lehrzeit begann. Theodor Allwardt schrieb 1925 anlässlich des 50. Geburtstages von Poppe Folkerts: „Früh verwaist kam unser Freund in die Lehre als Maler, Anstreicher und Glaser. In knappen Freistunden wurde alles abgemalt, was auf der Insel zu sehen war, vor allem Schiffe und wieder Schiffe! Eine ganze Reihe von Altersgenossen wurde angesteckt von diesem frischen Tatendrang, darunter des Lehrmeisters Sohn, Wilhelm Krieger, jetzt Professor an der Kunstakademie in München."

Überhaupt weist beider Leben Parallelen auf: Die Herkunft, der frühe Verlust der Eltern Poppe Folkerts (des Vaters bei Wilhelm Krieger), die Liebe zur Kunst, insbesondere zur Malerei, denn auch Wilhelm Krieger wollte zunächst Kunstmaler werden.

1893 trennen sich ihre Wege, nachdem Wilhelm Krieger nun mit einer Lehre in Bremen begann und Poppe Folkerts mit

Ende der Lehrzeit 1894 für ein halbes Jahr als Geselle auf Wanderschaft ging.

Die Freundschaft aber, die in den frühen Jahren gestrickt wurde, überdauerte Jahrzehnte und endete mit dem Tod Wilhelm Krieger, der am 13. September 1945 in Herrsching am Ammersee verstarb. Noch zwei Jahre zuvor, hatte ihn die Familie Folkerts dort besucht. Im Nachlass von Poppe Folkerts befindet sich ein letzter Brief, den Wilhelm Krieger im August 1944 schrieb: „Lieber Poppe! Da kam gestern eine Norderneyer Zeitung an, die nur von Euch sein kann. Mich interessiert natürlich alles, was ich über nähere und weite Heimat las ... Es ist nun fast ein Jahr her, dass Ihr hier wart und wir denken noch gern an den Nachmittag zurück. Für mich war es jedenfalls eine etwas wehmütige Freude, nach so langer Zeit ein Stück Heimat bei mir zu haben ... Ihr erzähltet damals (im Sommer 1943), dass mein Geburtshaus Damenpfad 3 noch steht. Könntest Du einen Fotografen beauftragen, mir davon eine Aufnahme zu machen? Und wenn es geht, eine vom Haus in Norden am alten Friedhof, wo meine Großmutter wohnte. Ich habe ja keinerlei Verbindung mit Norderney und Norden, sonst hätte ich schon längst selber diese Aufnahmen bestellt."

Zumindest die Kindheitsjahre auf Norderney und fünf Jahre bei der Großmutter in Norden, währenddessen er das Gymnasium besuchte, sind Wilhelm Krieger in guter Erinnerung geblieben. Dagegen bezeichnet er seinen weiteren Entwicklungsgang, besonders die Jahre bis 1912 als „furchtbar dornenvoll".

Wohl erst der Umzug von München nach Herrsching, die Heirat mit Emilie Butters, die Geburt von 5 Kindern, ein Haus mit Atelier, zahlreiche Ausstellungen, die Ernennung zum Professor, werden Wilhelm Krieger die bis dato fehlende Orientierung und Anerkennung gegeben haben, die er zuvor vermissen musste. Von Kindheit an schwerhörig, lebte er bis dahin sehr isoliert und einsam.

Der Mensch Wilhelm Krieger, besonders seine Wesensart, bleibt uns, die wir ihn nicht kannten, verborgen. Einen Hinweis liefert Professor Dr. Ludwig Heck in einem Beitrag, der mit „Ein Norderneyer Künstler" betitelt ist, und im Dezember 1920 auch in der Norderneyer Badezeitung abgedruckt wurde. Darin ist nachzulesen, dass Krieger wohl mit sich selber nie zufrieden war und das Leben schwer nahm. Heck weiter: „Das sind gewiss die Schlechtesten nicht, wenn sie sich nur das Dasein nicht zu sehr zergrübeln. Aber ohne Schwankungen und Kämpfe, nicht nur äußere, sondern auch innere, geht es bei ihnen nicht ab, und es dauert oft längere Zeit bis sie ihren richtigen Lebensweg und ihr natürliches Arbeitsfeld finden." Erst im 24. Lebensjahr, also seit 1901, begann Krieger sich mit der Bildhauerei zu beschäftigen. Er selber merkte dazu an: „Einen Bildhauer habe ich nie als Lehrer gehabt, auch habe ich nur zweimal in meinem Leben ein Bildhaueratelier gesehen. Bei der Arbeit habe ich nie einen Kollegen gesehen und alle technischen und anderen Schwierigkeiten habe ich allein überwinden müssen."

Zurück nach Norderney:
Zu betiteln mit „Selbstzeugnis", urteilt Krieger 1922 über seine Herkunft: „Meine Wiege stand auf Norderney ... Von Kunst gab es da oben herzlich wenig zu sehen und zu hören. Man war geschmacklich nach Holland orientiert. Meine Vorfahren hatten Liebe für die Kunst, aber sie übten sie nicht im Sinne der hohen Kunst."

Dies blieb ihrem Nachkommen, dem Bildhauer Wilhelm Krieger vorbehalten, der großartige Werke hinterlassen hat. 35 Tierplastiken, die zwischen 1905 und 1944 geformt worden sind, zeigt die heute beginnende Ausstellung.

Sie kam zustande, nachdem Herr Dr. Martin H. Schmidt, Kunsthistoriker und Kunstberater in Oberursel/Taunus, der seit 2004 Leben und Werk Wilhelm Kriegers recherchiert, sich im September 2008 an Herrn Bürgermeister Salverius wandte und eine Ausstellung von Werken des Künstlers vorschlug.

Kontakte zum jüngsten Sohn Wilhelm Kriegers, Hajo und seiner Frau Susanne, die in Herrsching den Nachlass verwahren, entwickelten sich und führten dazu, dass der Stadt Norderney die Bronzeplastiken „Uhu" als Geschenk überreicht wurde, welche am 10. August 2009 entgegengenommen und im Lesesaal des Conversationshauses platziert wurde. Hajo und Susanne Krieger hätten gerne an der heutigen Ausstellungseröffnung teilgenommen. Die Krankheit von Herrn Krieger verhindert dies jedoch. Dem Ehepaar Krieger möchte ich an dieser Stelle für die Unterstützung und Zusammenarbeit herzlich danken.

Mit seinen Werken zurückgekehrt, ist damit 65 Jahre nach seinem Tod ein Künstler, geboren auf Norderney, der auf der Insel bislang vergessen war. Die Ausstellung dient der Erinnerung an Wilhelm Krieger und würdigt sein Schaffen.

Brief an Poppe Folkerts

Herrsching 7. VII. 1944

Lieber Poppe

Da kam gestern eine Norderneyer Zeitung an, die nur von Euch sein konnte. Mich interessiert natürlich alles, was ich über meine nähere und weitere Heimat las. Aber den eigentlichen Zweck der Sendung fand ich erst heraus, als ich die Vermählungsanzeige Eurer Frauke las. Da haben wir uns sehr gefreut und meine Frau und ich gratulieren herzlich!

Ich hatte im Stillen immer noch gehofft, Frauke würde doch noch nach München kommen und es hätte mich sehr gefreut. Das ist nun wohl ausgeschlossen und ich bedauere es sehr.

Es ist nun fast ein Jahr her, daß ihr hier wart und wir denken noch gerne an den Nachmittag zurück. Für mich war es jedenfalls eine etwas wehmütige Freude, nach so langer Zeit ein Stück Heimat bei mir zu haben. Wollt ihr nicht wieder einmal nach Wörishofen? Meinetwegen braucht es ja nicht gerade Wörishofen zu sein, es gibt ja noch nettere Orte in Südbayern.

Ihr erzähltet damals, daß mein Geburtshaus Damenpfad 3 noch steht. Könntest Du wohl einen Fotografen beauftragen, mir davon eine Aufnahme zu machen? Und wenn es geht, eine vom Haus in Norden am alten Friedhof, wo meine Großmutter wohnte. Ich habe ja keinerlei Verbindung mit Norderney oder Norden, sonst hätte ich schon längst selber Aufnahmen bestellt. Aber nur, wenn es keine Umstände macht.

Was mag die nächste Zeit bringen? Ein Angestellter der Dornierwerke sagte mir, daß für die nächsten Wochen sehr viel Neues und Großes zu erwarten sei. So werde z.B. die V.I. in sehr verstärkten Maße bis V.XX. fortgesetzt. Er wollte sogar wissen, daß führende englische Politiker bei Ribbentrop waren. England sei am Umkippen und suche bei uns Schutz vor seinen Amerikanern. Verstehen könnte ich es ja. Einstweilen tappt man aber noch sehr im Dunkeln. Unser Hajo ist an der Invasionsfront.

Schöne Empfehlung an das junge Paar
und herzliche Grüße von Haus zu Haus.

Euer Wilhelm Krieger

Anmerkung:
Poppe Folkerts (1875 - 1949), deutscher Marinemaler, Zeichner und Graphiker. Geboren auf Norderney, gestorben ebenda.

Mit der Abkürzung V1 ("Vergeltungswaffe 1") wurde der unbemannte sprengstoffbeladene Flugkörper, die Fiedler Fi 103 benannt. Sie war der erste Marschflugkörper, der in einem Krieg eingesetzt wurde. Die Fi 103 wurde in Deutschland entwickelt und im Zweiten Weltkrieg von Juni 1944 bis März 1945 in großer Zahl vor allem gegen die Städte London und Antwerpen eingesetzt.

Im Nachlass Poppe Folkerts, Stadtarchiv Norderney

Ihrer zwei möchte ich hier gegenüberstellen

Ludwig Heck

Ihrer zwei möchte ich hier gegenüberstellen: Wilhelm Krieger und Josef Pallenberg, einen Stilisten und einen Naturalisten. Zwei vollendete Gegensätze, aber jeder in seiner Art vollendet. Und, was bei mir Bedingung ist, ohne die ich nicht zu haben bin: beide stehen fest auf dem gesunden Boden einer durch ernste Arbeit ehrlich erworbenen Naturbeherrschung. Nach Herkunft und äußerer Erscheinung sind Krieger und Pallenberg Gegensätze und verraten wes Geistes Kinder sie sind. Krieger aus Norderney, aus dem Land der mutig über See fahrenden, aber stillen und in sich gekehrten Friesen, denen man von alters her künstlerische Begabung abzusprechen geneigt war. Ohne weiteres traut man ihm zu, daß er als Steuermann auf hoher See kaltblütig seinen Posten ausfüllen würde, und in seinem blonden Männerkopfe findet man die gewinnende Vereinigung von Ernst und Güte, die die Leute von der Waterkant so vielfach auszeichnet.

Krieger lernte ich zuerst aus seinen Werken in der Kunstabteilung eines großen Berliner Warenhauses kennen, wo mir Vogelbronzen gefielen, die sich hoch emporhoben über die Verkaufswaren ringsumher. Vor allem fesselte mich ein Pärchen federfüßiger Zwerghühner. Von weitem schon für den Kenner kein Zweifel, welcher Rasse angehörig. Und doch, wenn man näher zusah, wie einfach war das alles gemacht! Da war von dem weicheren Kleingefieder überhaupt nichts im einzelnen angegeben, nur die großen, harten Kielfedern der Flügel, des Schwanzes und der Latschen an den Füßen; die aber auch mit aller nur wünschenswerten Klarheit und Deutlichkeit. Der ganze eigentliche Vogelkörper war in große, glatte, von scharfen Linien umrissene Flächen eingestellt, was mir, offen gestanden, im ersten Augenblick einen kleinen Schrecken einjagte. Sehr schnell aber merkte ich, wie natürlich diese Flächen den tatsächlichen Gefiederflächen entsprachen, wie feinfühlig diese Linien den sichtlichen Grenzen der Gefiederfelder nachgezogen waren. Schwer war es bei dem Zwerghühnerpärchen loszukommen, von der schläfrigen Behaglichkeit des Hähnchens und der lässigen, man möchte sagen: echt weiblichen Grazie des Hühnchens, von diesem stillen, inneren Leben, das die beiden scheinbar so hart und streng durch scharfe Linien zerschnittenen Vogelgestalten ausströmten: eine wahre Feinschmeckerei.

Aber sie wiederholte sich, als der Blick auf den Bronze-Ara fiel, der da in der Nähe auf einem Bügel hockte, ganz in der gebückten Haltung und mit dem beobachtenden Blick, wie man das von diesen großen Papageien kennt. Auch da nur Federn angegeben, wo es nicht ohnedem geht, wo ohnedem die Natur zur Unnatur vergewaltigt würde; wo aber Federn gemacht sind, da sind sie richtig gemacht und sitzen richtig. Und der eigenartige, hübsche Bügel, den die Kletterfüße so lebendig-fest umklammern! Freilich braucht der Bronze-Ara auch kein Futter- und Wassergefäß, was uns im Zoo gewöhnlich die Sache verschandelt. – Bussard und Habicht folgten dann in ähnlich großzügiger, trotz augenscheinlichstem Leben ungemein ernst wirkender Darstellung; der Habicht wieder auf einer Säule sitzend, den einen Fuß unter das Bauchgefieder hochgezogen. Wie da vor dem hochgezogenen Fuße dieses sich absträubende Gefieder herausgearbeitet ist, soundso viele einzelne Federn, die man zählen kann, während sonst an dem ganzen Vogelkörper nirgends eine Einzelfeder angegeben ist, das ist wieder echt Krieger. Ich kannte seine Künstlerhandschrift nun schon und gab ihm willig und mit Freunden recht. An dieser Stelle geht es eben nicht ohnedem, und wenn der Künstler da so recht modern unentwegt ebenfalls eine unausgearbeitete Fläche oder Masse vorgehängt hätte, käme man auch bei der übrigen ganz glatt behandelten Körperoberfläche des Vogels nicht in die Vorstellung von Gefieder hinein. Dadurch aber, daß Krieger uns an der einen notwendigen Stelle das Gefieder wirklich zeigt, zwingt er uns innerlich und unbewußt, auch sonst an dieses zu glauben, und bringt es zuwege, dass wir nirgends etwas vermissen. Es ist das Sache seines feinen künstlerischen Taktes, den er wahrscheinlich ganz unbewußt übt. Aber sagt man nicht beim Künstler sei das Unbewußte gerade das Beste? Diesen Habicht hat Hutschenreuther in Selb in weißem Porzellan mit ganz zarter Vergoldung herausgebracht, und das ist meines Erachtens ein Staatsstück geworden, an dem alles das, was ich im Vorstehenden deutlich zu machen suche, noch viel mehr auf den ersten Blick in die Augen springt als an der Bronze.

Krieger scheint einer von denen zu sein, die nie mit sich selber zufrieden sind und das Leben sehr schwer nehmen. Das sind gewiß die Schlechtesten nicht, wenn sie sich nur das Dasein nicht zu sehr zergrübeln. Aber ohne Schwankungen und Kämpfe, nicht nur äußere, sondern auch innere, geht es bei Ihnen nicht ab, und es dauert oft längere Zeit, bis sie ihren richtigen Lebensweg und ihr natürliches Arbeitsfeld finden. So wollte Krieger, 1877 geboren, erst Kunstmaler werden. Sicherheitshalber brachte man ihn zu einem Dekorationsmaler in die Lehre, und nach drei Jahren erst durfte er Schüler der Kunstgewerbeschule in München werden. Da und in den Kunstschulen überhaupt hielt er es indes nicht lange aus, und zum Abschluß einer Kunstakademikerbildung hat er es gar nicht gebracht. Am allerwenigsten in der Plastik, mit der er erst in seinem 24. Lebensjahr sich zu beschäftigen anfing, nachdem er bis dahin „sich so durchgelandschaftert" hatte, schlecht und recht, allem Anscheine nach mehr schlecht als recht. Er schreibt geradezu von Entbehrungen. Und weiter: „Einen Bildhauer habe ich nie als Lehrer gehabt, auch habe ich nur zweimal in meinem Leben ein Bildhaueratelier gesehen. Bei der Arbeit habe ich nie einen Kollegen gesehen und alle technischen und anderen Schwierigkeiten habe ich allein überwinden müssen. Lehrgeld hat es ja genug gekostet." Seine Bronzen ziseliert Krieger aber alle selber, und seine Steinplastiken haut er alle selber aus. Das sind doch ganz erstaunliche Tatsachen, über die man lange nachsinnen könnte, zumal wenn man damit zusammenhält, daß der Künstler schon ein Jahr, nachdem er überhaupt angefangen hatte, sich mit Plastik zu befassen, in der Münchner Sezession ausstellte. Dabei kam er dann auch auf Tiere, weil er solche schon seit frühester Jugend sehr gerne hatte. Jetzt sind sie, wenn auch nicht sein Einziges, so doch wohl seine Stärke geworden, in der sich seine ganze künstlerische Persönlichkeit am bezeichnendsten ausspricht.

In seiner Herrschinger Künstlerwerkstatt am Ammersee, wo ich ihn mit meiner Frau besuchte, fanden wir ihn gerade mit einer Bronzeente beschäftigt, die in Auffassung und Darstellung ein ebenbürtiges Gegenstück zu den oben geschilderten Zwerghühnern ist. Noch wirkungsvoller ist die schlanke indische Laufente in der bezeichnenden hoch aufgerichteten Stellung dieser Rasse; Hutschenreuther hat sie in Porzellan, bemalt in den Naturfarben des Erpels (grüner Kopf, weißer Halsring und graues Gefieder), vervielfältigt. Was mag so ein Stück in hundertundfünfzig oder zweihundert Jahren für Sammler und Liebhaber wert sein, wenn es dann noch ganz ist! Solche Gedanken regen sich unwillkürlich wenn man sich der Preise erinnert, die hier in Berlin diesen Winter auf Versteigerungen für alte Porzellane gezahlt worden sind. Nebenbei gesagt: Modelle ohne jede künstlerische Bedeutung, grobschlächtige Handwerkerarbeit, die ihren fünf- und sechsstelligen Zahlenwert nur durch ihr Alter erhalten hat. Da sind doch unsere zeitgenössischen Tierporzellane nach Modellen hervorragender Künstler ganz was anderes! Jedes Stück an sich ein wertvolles Kunstwerk; nur durch unverständige und ungeschickte Bemalung wird manchmal der Geschmack daran verdorben.

Hutschenreuthers Turmfalk und Lauferpel befriedigen aber auch in dieser Hinsicht vollkommen und ebenso das so zärtlich einander das Köpfchen kraulende Pärchen Roßkakadus, das sehr glücklich ganz in der Naturfarbe wiedergegeben ist. Hier ist Krieger auch mehr auf das Einzelgefieder eingegangen, jedenfalls aus der sehr richtigen Beobachtung und Erkenntnis heraus, daß bei dem wohligen Kitzel dieses gegenseitigen Nestelns im Gefieder dieses unwillkürlich gesträubt und dadurch in seinen Einzelheiten sichtbar wird.

Eulen dagegen, die er mehrfach gemacht hat, gibt Krieger ganz großzügig nur in ihren hauptsächlichsten Gefiederfeldern und deren Umrißlinien an, wobei der Gesichtsschleier fast zum Blumenkelch wird. Das stört aber nicht im geringsten; man muß sich vielmehr wundern und freuen, wie es dem Künstler gelingt, auch in seinem strengen Stile die flaumige, bauschige Eigenart des Eulengefieders sehr bezeichnend herauszuarbeiten dadurch, daß er die Ränder der einzelnen Gefiederfelder an den tief eingeschnittenen Trennungslinien möglichst weich hochwölbt. So hat der Beschauer vollkommen den Eindruck des weichen Eulengefieders, und doch sind in Wirklichkeit kaum ein paar

Schingen und Schwanzfedern angegeben.

Schließlich stand Kriegers Künstlerverlangen auch nach dem Reiher. Ich konnte ihm einen liefern und war begierig, wie er sich mit diesem steifen, stelzigen Neidhart und Grimbart unter den Vögeln auseinandersetzen würde. Nicht lange, so schickte er mir die Aufnahme des Gipsabgusses, und ich konnte mich überzeugen, daß er in seinem Stil auch aus diesem Vogel-Ekel etwas Anziehendes zu machen weiß. Scharf gekennzeichnet in seiner Eigenart durch Haltung und Umriß, steht der lauernde Fischräuber da, in Bereitschaft zu federndem Vorstoßen des Schnabels, den leeren Hals zurückgeknickt an der einzigen Stelle, wo dies durch besondere Gestaltung der Halswirbel möglich ist; das eine Bein mit dem langzehigen Fuße halb erhoben wie zum sachten Weiterschreiten im seichten Wasser. Bein und Fuß sind höchst lebendig, auch ins einzelne gehend ausgearbeitet mit allen ihren feineren Linien und Kanten, weil der Beschauer das unbewußt von diesen frei dem Auge sich darbietenden Teilen verlangt. Dagegen ist das am lebenden Vogel glatt anliegende Gefieder auch im Abbild ganz glatt gehalten, kaum in Felder geteilt; nur wo der zusammengelegte Flügel sich in die Schulter einsetzt, ein auffallender Einschnitt – eben an der Stelle, wo auch in Wirklichkeit immer einer zu sehen ist.

Eigenartig, daß Krieger – unsere Betrachtung zeigt es deutlich – als künstlerische Vorwürfe offenbar Vögel bevorzugt, die die Bildner sonst für gewöhnlich eher meiden, weil der Vogel wegen seines starren, in sich unbeweglichen Rumpfes und des sichtlich in reihenweise Federfluren geordneten Gefieders mit Recht als nicht sehr dankbar für plastische Darstellung gilt. Indes hat es vielleicht unseren Künstler gerade gereizt, diesen spröden Stoff zu meistern, und er hat ihn gemeistert, wie wir gesehen haben. Einen Vierfüßler möchte ich aber doch noch aus seinen Werken vorführen, und zwar den Windhund, weil dieser mir so ganz besonders bezeichnend die strenge und zugleich seine Auffassungs- und Schaffensweise des Künstlers zu veranschaulichen scheint. Man verfolge nur einmal aufmerksam die Linien, die Kanten und Flächen, die er an dem schlanken, leichten Windhundkörper angibt! Alles groß und ruhig, streng und einfach. Ich möchte glauben und sagen: eine Freude ebensowohl für den Kunstfreund wie für den Hundekenner. Es fehlen viele Einzelheiten, die sehr zur „Belebung" des Ganzen dienen könnten; es fehlt aber nichts Wesentliches. Und, was – mir wenigstens – das Entscheidendste ist: es wird nirgends durch zügellosen künstlerischen Eigenwillen der Natur, der natürlichen Erscheinung und dem tatsächlichen Wesen des Tieres Gewalt angetan. Die Impression, die Empfindung des Künstlers ist natürlich und bleibt in natürlichen Grenzen.

Anmerkung:
Josef Pallenberg (1882 - 1946), deutscher Tierplastiker. Eine seiner Techniken bestand darin, von toten Tieren Abgüsse anzufertigen. Der Pallenberg betreffende Teil des Artikels wurde ausgespart.

in: Velhagen&Klasings Monatshefte, 1920, H. 1, Jg. 35

Der Bildhauer Wilh. Krieger

Ludwig Gurlitt

Unter den Bildhauern Deutschlands, die sich Tierdarstellungen zur Aufgabe stellten, nimmt Wilhelm Krieger in Herrsching am Ammersee in Bayern einen hervorragenden Platz ein. Seine Ausstellung mit etwa 30 in Bronze und Kalkstein ausgeführter Tiere erregte in München gerechtes Aufsehen. Es waren meist heimische Tiere: Hund, Reh, Katze, von Vögeln Ente, Zwerghuhn, Pute, Habicht, Adler, Eule, Dohle; von fremdländischen Tieren ein kleines Äffchen und ein Kakadu-Paar.

Diese Tiere fesselten mich so, daß ich den Vorsatz faßte, die Bekanntschaft des Künstlers zu suchen und mir von ihm eine kurze Darstellung seines Lebens zu erbitten. Beide Wünsche befriedigte er mit liebenswürdiger Bereitwilligkeit. Wir trafen uns an drittem Orte, und bald kam er auch zu mir ins Haus: ein kleines unansehnliches Männchen, 45 Jahre alt, mit blondem, struppigem Haar, in das sich das Grau schon einmischt, treuherzig blickenden, blauen Augen, bartlos, mit lebhaftem Gesichtsausdruck, zum Lachen geneigt, aber mit dem Grundzug von Schwermut und tiefer Bescheidenheit. Man sieht dem schlechtgekleideten Manne an, daß das Leben ihn hart angepackt hat: er hat sich redlich schinden müssen, ehe er seinen wahren Beruf entdeckt und das tägliche Brot für sich, seine Frau und vier kleine Kinder sichergestellt hatte. Hören wir ihn selbst!

„Mein Lebenslauf ist ziemlich uninteressant. Also: Ich bin auf Norderney 1877 geboren, besuchte in Norden (Städtchen an der Küste) das Gymnasium und hatte früh die Absicht „Kunstmaler" zu werden, ohne mir etwas Genaueres darüber vorstellen zu können; denn wir Ostfriesen können nicht nur nicht singen, sondern stehen jeder Art von Kunst fern. Als ich mir auch mit 15 bis 16 Jahren keinen anderen Beruf denken konnte, bekam ich meinen ersten Zeichenunterricht bei einem Theatermaler in Bremen, leider ohne besonderen Erfolg, denn eine Gesellenprüfung bestand ich nicht, wahrscheinlich weil die ganze Art mir so fremd war. Mit 18 Jahren ging ich nach München zur Kunstgewerbeschule, lief aber nach dem ersten Semester davon. Dann habe ich Kunstgewerbe aller Art versucht, zuletzt auch Metalltreiben und Ziselieren, aber ohne Schule und ohne Lehrer. Auch Landschaften habe ich für mich versucht, auch Aktzeichnen. Nie habe ich aber Lehrer vertragen können.

Es ist mir schlecht gegangen, und mit 28 Jahren habe ich zum erstenmal das Modellieren probiert, und auch wieder ohne Lehrer. Zuerst Porträts und Akt und dann auch Tiere, die ich sofort in Bronze ausführte. Damit schien ich das Richtige getroffen zu haben, und meine angeborene Liebe zu Tieren ließ mich diese auch sehen und verstehen. Als Bub kannte ich jedes Pferd und jeden Hund auf Norderney und in Norden „persönlich", und wenn die Tiere jetzt noch lebten, würde ich sie alle wiedererkennen. Zu dieser Eigenschaft kam noch eine, die schuld daran ist, daß ich es auf der damaligen Kunstgewerbeschule und bei der Theatermalerei usw. zu nichts brachte, nämlich die große Abneigung gegen alles überflüssige Geschnörkel und Drum und Dran, über die ich mir damals allerdings keine Rechenschaft geben konnte.

Als meine ersten Tierbronzen in der „Sezession" angenommen und sogar verkauft wurden, konnte ich also

Tierbildhauer bleiben resp. werden, und so habe ich weiter gemacht, immer von der Hand in den Mund und sehr oft fast verzweifelnd. Die Antike und besonders die Ägypter habe ich nicht näher „studiert". Die Ägypter am wenigsten, aus einem Gefühl heraus, das ich schwer beschreiben kann. Mich beschleicht immer etwas Angst, wenn ich Abbildungen oder sogar ägyptische Originale sehe, als fürchte ich eine Beeinflussung. Wenn ich arbeite, denke ich nur an das Tier und sein Wesen und an das Material, das ich ebenso respektiere. Mehr braucht man ja auch nicht. Alles andere „hält nur auf" und stört.

So, verehrter Herr Professor, jetzt habe ich Ihnen so viel vorgeschwätzt, und eigentlich mehr, um Ihnen zu sagen, daß über mich nicht viel zu berichten ist, als um Ihnen Unterlagen zu geben. Sie werden wohl auch nicht viel davon brauchen können.

Wenn ich zur Zeit nicht so arg in der Arbeit steckte, würde ich gleich in den nächsten Tagen zu Ihnen kommen, aber ich muß meine Kollektion für Berlin ergänzen und außerdem, um zu verdienen, längst bestellte Arbeit fertig machen."

Da haben wir den ganzen Krieger und zugleich eine völlig ausreichende Erklärung seiner Kunst. Er hat nur eine Schule hinter sich, die Natur. Er gehört keiner Kunstrichtung und Kunstmode an, sondern steht allein für sich. Das Gefühl, mit dem er sich den Tieren naht ist Liebe und Ehrfurcht. Er sagte mir, er habe sich vor dem Adler, den er modellierte, immer – geniert! Der wäre aber auch so stolz gewesen, habe ihn wie Luft behandelt. Aus dieser Ehrfurcht vor den Tieren als einer Offenbarung des Göttlichen erklärt sich nun auch, daß seine Werke an Tierplastiken der alten Ägypter erinnern, die ja die Tiere als Gottheiten verehrten. Sodann kommt auch seine Friesennatur zu klarem Ausdruck: die scharfe Beobachtungsgabe, die ehrliche Sachlichkeit, die Abneigung gegen jeden falschen Schein, der Sinn für das Wesentliche, die zähe Ausdauer, das treue Beharren auf der eigenen Natur.

Man kennt das stolze Friesenwort: Lieber tot, als Sklav! So könnte auch Krieger sagen: Lieber verhungern, als was Unechtes machen! So sind seine Schöpfungen geboren aus Liebe, Ehrfurcht und Treue. Das gibt ihnen unvergänglichen Wert. Der Direktor des Zoologischen Gartens in Berlin Prof.Dr. Heck spricht sich bewundernd (im „Kosmos" 1921, Heft 10) über die Naturwahrheit dieser Plastiken aus. Sie verraten das tiefste Verständnis nicht allein des Körperbaues der Tiere, sondern auch ihres Charakters. Sie sind durchaus Porträts von sprechender Ähnlichkeit – man glaubt sie alle persönlich zu kennen –, zugleich aber auch vollwertige Vertreter ihrer Gattung, da alles hier Zufällige fernbleibt, das Wesentliche aber in klaren, festen Formen zum Ausdruck kommt. Diese Tiere sind nicht in Beziehung zum Menschen gesetzt. Was geht sie der Mensch an? Sie führen ihr eigenes Leben und leben nach ihren Gesetzen. Wir dürfen sie nie belauschen, ohne das sie es merken. Deshalb geben sie sich ganz natürlich, zieren sich nicht, wollen nichts bedeuten, nehmen nicht menschliche Züge an, sind nur Tiere, sind einfach nur da. Das gibt ihnen einen wunderbaren Ernst und erhebt sie hoch über die große Masse von sentimentalen, aufdringlichen, süßlichen und herausfordernden Tierbildern, die wir sonst zu sehen bekommen. Eine weitere Ursache ihrer starken Wirkung ist der Respekt, den der Künstler auch vor dem Material hat. Auch das ist eine Äußerung seiner ganzen Natur. Auch die Bronze und der Stein tragen ihre ewig unabänderlichen

Gesetze in sich, die man achten soll. Jeder Stoff hat seine begrenzte Leistungsfähigkeit und gleichsam Ausdrucksmittel. Es ist ein Unrecht, über diese hinausgehen zu wollen und von ihnen Leistungen zu verlangen, die gegen die Natur sind. Deshalb ist jedes der Kriegerschen Tiere genau für das vorgesehene Material behandelt. Auch darauf beruht ein Teil der so überzeugenden Wirkung. Hier sieht man, was treue Wiedergabe und eindringlicher Fleiß leisten können. Nach so vielen Irrungen und Wirrnissen, die wir in den letzten Jahrzehnten innerhalb der deutschen Kunst erleben mußten, wirken diese ehrlichen Bekenntnisse beruhigend und wie eine Verheißung. Das ist echte deutsche Arbeit, echt deutscher, norddeutscher, friesischer Geist! Aus dieser Wurzel könnte eine neue deutsche Kunstblüte erwachsen.

Krieger ist noch im Aufstieg. Jetzt will er sich an die Darstellung von Rassepferden und Zuchtvieh heranmachen. Wir dürfen noch Schönes von ihm erhoffen. Er geht sicher seines Weges. In seiner Kunst ist kein Suchen und Schwanken mehr: Wie der Mensch, so sein Werk.

in: „Die Kunstgeschichte" Illustrierte Monatszeitschrift für Kunst und Kunstpflege. Nr. 8, August 1922. S. 116ff.

Tierplastiken

Fritz von Ostini

Neue Tierplastiken läßt gegenwärtig der Bildhauer Wilhelm Krieger (Herrsching) in Brakls Kunsthaus an der Goethestraße sehen. Arbeiten von einer Schönheit und Originalität der Auffassung und Technik, daß man diese kleine Ausstellung von etwa zwanzig Tierstatuetten geradezu als Ereignis in unserem sonst so ereignisarm gewordenen Münchner Kunstleben begrüßen möchte. Und doch ist es schwer, mit wenigen Worten zu sagen, worin das Merkwürdige und Neue in Kriegers Tierfiguren besteht. Sie sind alle mehr oder minder stark stilisiert und dabei doch voll scharf beobachteter Natur, intim gesehen, wie nur wenige Menschen „unsere Brüder im stillen Busch, in Luft und Wasser kennen", und doch so vereinfacht, daß auch nicht eine entbehrliche Einzelheit, etwa im Haar oder Gefieder der Tiere – Wilhelm Krieger formt mit Vorliebe Vögel – gegeben ist.

Der Künstler ist und bleibt immer in erster Linie Bildhauer: er sieht an einem Tierkörper nicht das Nebensächliche der Zeichnung, sondern das Wesentliche der Form, des individuellen Lebens. Bei seinen Vögeln sind vom Federkleid nur die größeren und wichtigeren Partien angedeutet und auseinandergehalten, nur ein paar wichtige Konturfedern sind scharf herausmodelliert, bei seinen Säugetieren kein Haar, keine Flocke des Fells hervorgehoben. Und doch hat man nie die Empfindung der Härte oder gar der Leere. Das Auge spürt an allen Tieren Kriegers die Körperform unter Fell oder Haarkleid. Der Künstler zieseliert seine Werke selbst und weiß die glatte Oberfläche der Bronzen, die andersgeartete Materie des Steins so interessant zu machen, so sehr mit Leben zu füllen, wie das nur ein mit ganz ausnahmsweiser Beobachtungsgabe begnadeter Künstler vermag. Professor Dr. L. Heck, der Leiter des Berliner Zoologischen Gartens, wohl einer der ersten Tierkenner im Lande, hat unlängst im „Kosmos" diese Kunst der Tierplastik geradezu enthusiastisch besprochen und dabei das künstlerische Wesen dieses Bildhauers und seines Stils ungemein scharfsinnig analysiert. Er weist dabei mit Recht auf die gute alte Plastik Ostasiens oder Aegyptens hin. Auch da und dort verstand man die schwere Kunst, weitgehende Vereinfachung der Form mit höchster Naturwahrheit zu vereinigen.

Wenn irgendwo in einem Kunstzweige der geistreiche Spruch gültig ist, die Kunst bestehe im Grunde aus dem Weglassen des Entbehrlichen, so ist das bei der Tierplastik der Fall – was ja schließlich auch andere erkannt, aber nicht viele bis zu dieser vollkommenen Sublimierung der reinen Form durchgeführt haben. Kriegers Ausstellung wird manchen Besucher überzeugen, daß er – der Besucher ! – überhaupt kaum je ein Tier richtig angesehen habe.

Das Stärkste in diesem Sinne erlebt man vor seinem großen Adler, der so ganz anders aussieht, als des Städters, in diesem Falle ganz sicher durch die Heraldik beeinflußte Phantasie ihn sich vorstellt. Aber wie schnell wird ein jeder, der Kriegers mächtigen und imponierenden Vogel gründlich betrachtet, von der verblüffenden Lebenstreue dieses Bildwerks überzeugt sein ! Und naturwahr bleibt der Künstler auch da, wo er bis an die Grenze geht und das Tier fast schon zum Ornament stilisiert – z.B. in der Figur des Mandarin-Erpels, der Pute auf dem Sockel, auch wohl der Eule in Bronze, in der eine gute Dosis seines Humors steckt. Köstlich ist auch die andere Eule aus grauem Marmor, der eine fast rätselhaft erscheinende Weichheit des Gefieders gegeben ist. Überhaupt meistert Krieger den Stein nicht minder ausgezeichnet als die Bronze, aus der er alle erdenklichen Oberflächenwirkungen herauszuholen weiß. Aus einem harten grauen Kalkstein ist ein Habicht gearbeitet, der auf einem Sockel aufgeblockt hat, aus einem merkwürdigen schwarz-grünen Stein eine ruhende Katze. Zu den schönsten Stücken der Kollektion gehören die beiden Papageien (Araras) in Bronze, besonders der eigentümlich in waagerechter Linie geduckt sitzende, gehört ein Schmalrehlein in halber Lebensgröße, unbeschreibbar zierlich, gehören die beiden Affen, einer auf einer Säule, einer auf dem Boden sitzend. Krieger stellt überhaupt anscheinend gerne das gleiche Tier in zwei verschiedenen Stellungen und Auffassungen dar. So sehen wir zwei Windhunde, zwei Enten, zwei Dohlen, seine stehend auf dem Boden, eine sehr drollig auf einem Sockel hockend, zwei Truthennen usw.

Köstlich ist auch das Zwerghühnerpaar – das Hähnchen sehr schläfrig und bescheiden, seiner Bedeutungslosigkeit bewußt, die Henne damenhaft und präziös. Das sind mit all dem Können und Fleiß, der Beobachtung und dem Humor, die dahinter stecken, Proben einer Kunst, die zugleich ins Große und ins Kleine geht und wie eine stille Insel aufragt im wenig erquicklichen Getriebe unserer Tage. Arbeiten aus der Liebe geboren, die einem ein halbes Stündchen reinen Genusses und die Zuversicht schenken: es lebt doch noch viel Gutes im deutschen Geist, daß uns die liebe Mitwelt nicht unterkriegen soll !

in: Neueste Münchner Nachrichten, Baron Fritz von Ostini (1924)

Poppe Folkerts, der ostfriesische Seemaler

Theodor Allwardt

Am 9. April 1875 wurde Poppe Folkerts auf Norderney geboren. Das war am frohen Abend eines schrecklichen Sturmtages. Nach bangen Stunden war der tüchtige, gerade Fischeradel mit reichem fange glücklich heimgekehrt.

Ein halbes Jahrhundert ist seitdem vergangen und wenn ich diesmal dem Landsmanne meinen Glückwunsch vor der Öffentlichkeit ausspreche, so wird er mirs nicht verargen.

Ich denke zurück an glückliche Kinderjahre, an bunte Kritzeleien, mit denen wir unter der Führung von Poppe Folkerts alle erreichbaren Zäune schmückten, an Entdeckungsfahrten in den Dünen bis hin zum Leuchtturm, an siegreiche Kämpfe, die wir als „Rothäute" gegen die „Blaßgesichter", die Kinder der Kurgäste, um den Besitz der Strandburgen ausfochten, an wilde Botjefahrten mit unfreiwilligen Bädern! Aber auch an die vielen Fazjes auf unseren Tafeln, die wir unter der strengen Zucht von Mester Eilts mit starken und schwachen Konjugationen füllten! Ein Lehrer von Gottes Gnaden, aber dankbar sind wir ihm erst viel später gewesen.

Früh verwaist kam unser Freund in die Lehre als Maler, Anstreicher und Glaser. In knappen Freistunden wurde alles „abgemalt", was auf der Insel zu sehen war, vor allem Schiffe und wieder Schiffe! Eine ganze Reihe von Altersgenossen wurde angesteckt von diesem frischen Tatendrang, darunter des Lehrmeisters Sohn, Wilhelm Krieger, jetzt Professor an der Kunstakademie in München.

Das war die Zeit, in der die liebe, alte Angelfischerei der früher so stolzen Norderneyer Flotte gegenüber dem Dampferbetrieb an Bedeutung verlor, so daß immer häufiger die Inseljünglinge ein Handwerk erlernten. Bald traf man fast in allen deutschen Großstädten auf junge Norderneyer als Handwerksbeflissene. So ging auch Poppe Folkerts auf die Wanderschaft, mit offenen Augen und frischen Sinnen und brachte wenig Geld, aber reiche Beute an Bildern und Skizzen heim. Doch das Höchste blieb ihm die Heimat: das Meer und die Schiffe.

An der Flurwand bei Jan Focken Pauls entstand ein Hafenbild, das einen Kenner durch die Frische der Auffassung auf den jungen Maler aufmerksam machte. Und nun begann der Aufstieg als Künstler. Nach mancherlei Schwierigkeiten, die der junge Anstreichergeselle zu überwinden hatte, kam er in das Atelier des Altmeisters Professor Eschke und von dort zur Berliner Kunstakademie, zu den Professoren Salzmann und Kallmorgen. Dann folgten lange Seereisen u.a. im Mittelmeer und nach Norwegen, und schon 1900 hing ein Bild unseres Künstlers, „S.M.S. verläßt Gibraltar", im Ehrensaal der Großen Berliner Kunstausstellung. In diese Zeit fallen auch schon viele Illustrationsaufträge führender deutscher Zeitschriften.

Darauf ging es nach Königsberg zu dem Meister und treuen Freunde, den Poppe Folkerts für sein späteres Schaffen wohl das meiste verdankt, zu Professor Ludwig Dettmann. Gemeinsam mit diesem schuf er u.a. eine Reihe monumentaler Wandgemälde in der Technischen Hochschule zu Danzig. Dann nahm der Künstler seinen Wohnsitz in Kiel, und später hielt er sich lange Zeit in Paris auf, wo er besonders die modernen Impressionisten eingehend studierte und von ihnen manche Anregung empfing, aber sich auch zu der Erkenntnis durchrang, daß er ganz seine eigenen Wege gehen müsse. So reiste denn unser Künstler, nachdem ihn ein Aufenthalt in Düsseldorf dazu bestärkt hatte, zurück nach Ostfriesland, und zwar nach dem stillen Akkumersiel. Hier fand er nicht nur volle Klärung all der vielen Eindrücke der Fremde, sondern lernte auch seine treue Lebensgefährtin kennen. Doch vermochte das graue Wattenmeer den Dramatiker der See nicht auf die Dauer zu reizen, und im Jahre 1911 hatte die Heimatinsel ihn endgültig wieder. Im nächsten Jahr erstand er nahe dem Strande den Turm in den Dünen am „Südwesthörn", der wohl jedem Besucher Norderneys schon bei der Hinfahrt auffällt.

Hier arbeitet Poppe Folkerts. Von diesem wundervollen Beobachtungsstand aus übersieht er das Meer und den Hafen nach allen Seiten und bleibt so mit seinem Lebenselement in steter Berührung. Doch rate ich dem Besucher, sich schon vom Hafen aus zu überzeugen, ob der Künstler die Flagge gehißt hat. Denn er ist kein Stubenhocker. Seine Werke entstehen nicht aus Überlegungen am warmen Ofen. Das Seemannsblut in ihm verlangt nach Bewegung. Wie er in jüngeren Jahren in Heimat und Fremde auf schwankendem Kahn alle erreichbaren Gewässer befuhr, so könnte auch sein Norderneyer Segelboot „Senta" von unzähligen Fahrten und von ergötzlichen Seehundsjagden melden.

Ohne sein Schiffertum ist der Maler Poppe Folkerts nicht denkbar. Aus dem täglichen, vertrauten Umgang mit der See in ihrer tausendfachen wechselnden Gestalt und Farbe empfängt er die Kraft, Werke zu schaffen, die von berufenen Kennern längst als meisterhaft anerkannt werden. Heute steht unser Künstler auf der Höhe seines Schaffens, und wir können von seiner jugendlich ungebrochenen

Frische noch manches schöne Werk erhoffen.

Dem seefahrenden Maler und malenden Fahrensmann, dem mit unverbrauchten Nerven schaffenden und doch so abgeklärten, reifen Heimatkünstler, Dir Poppe Folkerts, dem heiteren Menschen, treuen Hausvater und guten Ostfriesen, noch viele Jahre frohen Lebens und Wirkens! Es ist eine Ehre, Dein Freund zu sein!

Anmerkungen:

Theodor Allwardt (geb 1876 Norderney - ?)

Ludwig Dettmann (1865 Adelby/Flensburg - 1944 Berlin)
Kriegsmaler, Gottbegnadeten-Liste

Hermann Eschke (1823 Berlin - 1900 ebd.)
Professor für Malerei

Carl Salzmann (1847 Berlin - 1923 Potsdam)
Landschafts- und Marinemaler

Friedrich Kallmorgen (1856 Altona - 1924 Grötzingen/Karlsruhe)
Maler

in: Norderneyer Anzeiger, 9.4.1925

Zum 10. Todestag von Professor Wilhelm Krieger (1955)

Dorothea Grube

Nicht vielen Menschen ist es beschieden, ein Nachleben über den engsten Kreis der Familie und der Freunde hinaus zu haben. Und im Falle des Künstlers, der seine Werke als objektive Zeugnisse seines Wirkens zurücklässt, gilt dieses Nachdenken überdies weniger ihm selbst, als eben den Werken. Sie haben sich abgelöst vom Schöpfer und bestehen fort, unabhängig von seinem Leben oder Tod. Nur insofern sie von ihm zeugen und seinen Wert beweisen, nimmt der Nachlebende Anteil auch am Schöpfer und an seinem einstigen Wohl und Wehe auf Erden.

Die erste Frage also, die wir zu stellen haben, wenn wir zum zehnten Male den Todestag eines Künstlers als Gedenktag feiern, ist die nach dem Werte seines zurückgelassenen Werkes. Zu seinen Lebzeiten hatte es seinen bestimmten Platz in der Anteilnahme und Bewertung seiner Zeitgenossen, und wir wissen in Bezug auf Professor Wilhelm Krieger, dass es kein geringer Platz war. Unter den Meistern in seinem speziellen Fache der Tierplastik stand er mit unter den ersten, und dieser Rang ist ihm von Fachgenossen und Kennern nie bestritten worden. Er kam ihm zu, zunächst schon wegen seines für einen Bildhauer in noch höherem Grade als für die anderen bildenden Künstler notwendigen handwerklichen Könnens. Wie hoch er selbst dies bewertete, zeigt sich an einer kleinen Eigenheit: Er erlaubte nie, dass seine Arbeitsstätte anders als "Werkstatt" genannt wurde.

Ferner aber stand er auf dem festen Boden einer umfangreichen, theoretisch und praktisch begründeten Kenntnis der Physiologie und Anatomie seiner Modelle, vor allem der Vögel. Hier unbedingt auch die strengsten Ansprüche zu erfüllen, war die erste Forderung, die er bei jedem neuen Werke aufs Neue an sich stellte, seiner auf Wahrhaftigkeit dringenden Natur gemäß. Und es war ihm Bedürfnis, davon auch dem teilnehmenden Beschauer im Werdegang seiner Arbeiten Rechenschaft abzulegen, indem er ihn über Knochenbau und Bewegungsfunktionen seiner Modelle belehrte, d.h. über diejenigen Lebensfunktionen des lebendigen Organismus, die das Hauptanliegen plastischer Gestaltung sind.

In höchstem Maße aber erfüllte er die ursprünglichste Bedingung allen Kunstschaffens – die Liebe nämlich zu seinen Modellen. Diese ist immer die innere Voraussetzung, der eigentliche Impuls für Kunstschöpfung, sogar da, wo der Künstler sich an keine vorgeformte Naturgestalt mehr hält. Und es ist ein untrügliches Zeichen für den Wert eines Kunstwerks, ob es diesen lebendigen Liebesimpuls, aus dem es entstanden ist, zurückströmt, was durchaus auch in der "Abstraktion" möglich ist: man denke z.B. an die reinen Farben aller Kirchenfenster. Professor Krieger aber, gewöhnt all seine Anliegen in Tat und Praxis umzusetzen, liebt seine Modelle nicht nur als Arbeitsobjekte, sondern er lebt mit ihnen. Er, der Schwerhörige, der kaum je die Vogellaute draußen im Freien auffangen konnte, hatte im Südfenster seiner Werkstatt ein großes Vogelbauer, nach innen wie nach außen nur durch eine feine Drahtwand verschlossen, und schon im Herankommen durch den Garten hörte man das lebhafte Gezwitscher der z. T. exotischen Vogelschar. Jeder, der zur Werkstatt damals Zutritt hatte, hat das ununterbrochene Piepsen und Kreischen noch jetzt im Ohr, wenn er an den kleinen Professor mit dem schönen weißen Haar bei der Arbeit denkt. Und manchem wohl ist die Verödung des Lebens, die der Krieg mit sich brachte, bei der allmählichen Entleerung dieses einst so reich belebten Vogelhauses und beim Verstummen der kleinen Stimmen besonders schmerzlich zum Bewusstsein gekommen.

Diese Vogelliebe, die man fast eine Symbiose nennen möchte, hat ihren Ursprung sicherlich in den frühesten Kindheitseindrücken seiner nordischen Inselheimat (Norderney). Wer je längere Zeit auf einer dieser Friesischen Inseln gelebt hat, weiss, welche Rolle Vögel hier spielen, ihre Nist- und Brutstätten, ihre Wanderrasten auf den Zügen zwischen Nord und Süd. Eine, still mit ausgebreiteten Schwingen durch die feuchte Dämmerung von Abend oder Frühmorgen vor dem weiten Horizont ziehende Schar von Meeresvögeln erregt geheimnisvolle Schauer, und die Konturen des einzelnen Vogels wachsen ins Riesenhafte. Und nirgends ist das nächtliche Rufen von Kauz und Eule so zwingend ahnungsvoll, halb schaurig, halb vertraut, wie in der Weltverlorenheit einer Meeresinsel, wo es keine verschlossenen Türen gibt.

Wenn man diese Zusammenhänge bedenkt, begreift man, warum die Vogelwerke von Professor Krieger in ihrer geheimnisvollen Stein- oder Metallwesenlebendigkeit manchmal an die ägyptischen Totenvögel in Stein erinnern, deren Magie ganz real wirksam gemeint war. Ein ähnliches Ursprungserlebnis – in Ägypten war es die Vogelwelt des weiten Niltals – führt von selbst auf verwandte Formmittel. Überhaupt bedenkt man wohl selten, daB der Künstler tiefsten Grundes nur das gestaltet, was in der frühen Kindheit, ja sogar von den Vorfahren her, seine "Welt" gewesen ist. Diese Welt erweitert sich, steigert sich im Laufe des Lebens unter mannigfachen Einflüssen von außen und im Wachstum des Inneren, aber sie bleibt der Mutterschoß, auch wenn sie für das Bewusstsein ganz zurücktritt und fast vergessen wird.

Entscheidend dafür, dass Professor Kriegers Werk entstand, war dann freilich nicht nur diese Kindheitswelt, nicht nur der aus ihr natürlich herausgewachsene Zusammenhang mit dem Tier-, insbesondere dem Vogelgeschöpf, sondern die Kraft der künstlerischen Versenkung, der Umsetzung in etwas ganz Neues und Einzigartiges, in die Kunstgestalt. In ihr ist alles, was Natur und Natureindruck ist, eingefangen, nirgends widerspricht sie der Natur – das wäre gerade in Professor Kriegers Sinne Todsünde! – aber sie ist nicht nur Natur und Reflex der in ihr erlebten Erfahrungen, sondern durch die Umsetzung in plastische Form, in Ton, Stein oder Metall, wird sie zu einer Neugestalt, eigenwüchsig und unverwechselbar.

Diese gar nicht theoretisch, aus bloßen Formüberlegungen abgeleitete, sondern natürlich gewachsene Umsetzung ist es, die dem Werk von Professor Krieger, wie jedem echten Kunstwerk, das Gepräge – und den Wert gibt. Wir werden wenige Werke der Tierplastik finden, die diesen Anspruch ernstlich erfüllen, mögen sie in Hinsicht auf Farbtreue und auf gewisse ansprechende Effekte von Oberflächen- und Bewegungsreizen auch noch so wirkungsvoll sein.

Was damit gemeint ist, lässt sich vielleicht am klarsten am Beispiel der Tiergeschichtenliteratur erläutern: Die guten populären Erzählungen, wie z.B. auch die von Kipling, geben gewiss ein lebendiges und phantasiereiches Bild des Tierlebens aus menschlicher Perspektive. Aber ihnen fehlt die eigentlich künstlerische Formung, in der erst das Tier seine eigensten Geheimnisse enthüllt, in seinem eigenen Lichte lebt. Erst dann entsteht das" Kunstwerk. Ich erinnere z.B. an Nikolai Ssemjonowitsch Ljesskows "Der verzauberte Pilger", an Tolstois "Der Leinwandmesser", aus unserer Zeit vor allem des Amerikaners John Steinbeck "Gabilan, mein bester Freund". Das Merkwürdige ist, dass sie, von außen gesehen, nichts zu geben scheinen, als die realen Vorgänge und Ereignisse des Lebens der Tiere (es sind lauter Pferdegeschichten), aus intimster Beobachtung destilliert, ohne Einmengung menschlicher Gefühle und Interessen. Aber gerade aus dieser scheinbar nüchternen Sachlichkeit erwächst das Geschöpfeswesen in reinster Kunstgestalt. Auf derselben hohen Stufe und im gleichen Sinne müssen Professor Kriegers Werke aufgefasst werden, nur so gewinnen wir den Zugang zu ihrem Verständnis.

Im Rahmen dieser "Sachlichkeit" liegt es auch, dass er kaum je von der Kunstform als losgelöstem Gebilde, d.h. von theoretischen Kunstprinzipien sprach, deren Diskussion im modernen Kunstbetrieb so überhand genommen hat. Gegenstand der Unterhaltungen über seine Arbeiten war außer dem Technischen, um das er sich bei jedem Werke von Grund aus neu und frisch bemühte, einzig die Schönheit seines jeweiligen Modells. Da allein konnte er in Lobpreisung und Begeisterung wirklich dithyrambisch werden, in dankbarer und ehrfürchtiger Bescheidenheit vor der großen Lehrmeisterin Natur, deren innerstes Wesen zu erfassen er nicht für eine "überwundene" Aufgabe hielt.

In diesem Sinne also war er kein im heutigen Sinne "Moderner", und so kehren wir noch einmal zu unserem Ausgangspunkt zurück und stellen erneut die Frage: Was hat das Werk dieses Künstlers uns heute noch, was hat es 10 Jahre nach Tod und Zusammenbruch einer Welt von

Kunstbegriffen zu bedeuten, die heute keine Geltung mehr zu haben scheinen? Zunächst, vergessen wir nicht: Zehn Jahre sind trotz allen Veränderungen, die das Bild der ganzen Menschheit umformen, eine gar kurze Zeit. Das Morgen, für das alle echte Kunst bestimmt ist, bricht oft erst viel später an, nach 50, nach 100 oder noch mehr Jahren.

Nun ist es aber merkwürdig und bedeutsam, dass gerade jüngere, spezifisch modern eingestellte Künstler und Kenner, die in den letzten Jahren in die "Werkstatt" geführt wurden, diese Werke nicht nur wegen ihres meisterlichen Könnens bejahten, sondern sie auch im besten Sinne als modern empfanden. Wie ist das zu erklären?

Der Schlüsselbegriff ist jene oben erwähnte Sachlichkeit, die unser ganzes Zeitalter bestimmt, mit positiven wie negativen Vorzeichen. Den Zeitgenossen zweier Weltanschauungen genügt nicht mehr die Empfindung für den sensuellen und sensitiven Reiz der Dinge, die im Impressionismus auf die Spitze getrieben wurde. Schon vor 1914 drängten die Besten in allen Künsten auf eine tiefere Besinnung (führend in der deutschen Plastik Adolf Hildebrand, in der französischen Malerei Paul Cézanne), auf nicht bloß subjektiven Anreizen folgende, sondern objektive, das Wesen der Dinge erfassende Gestaltung, in eben dem Sinne, wie ich es am Beispiel der "Pferdegeschichten" aufgezeigt habe, (Cézannes Wort dafür: La réalisation). In Deutschland allerdings führte diese Haltung, dem deutschen Wesen gemäß, das schwer sein Genügen im Verwirklichen der Form findet, zum entgegengesetzten Extrem, das wir im Gegensatz zum Impressionismus mit Expressionismus bezeichnen, und das seinen speziell plastischen Ausdruck im Werk von Ernst Barlach gefunden hat. In der reinen Formbehandlung stehen sich die beiden dem nordischen Boden entwachsenen, fast gleichaltrigen Künstler (Barlach ist 7 Jahre älter als Wilhelm Krieger) nahe: beide dringen auf Konzentration und Vereinfachung der Massen und Konturen, um auf diesem Wege das Wesen plastischer Form herauszuarbeiten. Aber während bei Barlach die sichtbare Gestalt nur Zeichen, ja oft fast Formel, für elementar geballte, rein menschliche Seelenkräfte und Seelenzustände ist, während er in gewaltigem subjektivem Impuls den natürlichen Organismus zurückdrängt und entwertet (oft durch das Mittel großflächiger, faltenloser, starrer, den Körper verhüllender Gewänder), bleibt für Wilhelm Krieger dieser natürliche Organismus Ausgangspunkt und Anliegen. Ihm ist die vereinfachende und konzentrierende Formung nicht Mittel zur Gestaltung subjektiver Elementarspannungen, sondern er fängt durch sie das objektive Wesen, gleichsam die platonische Idee seiner jeweiligen Modelle ein. Insofern steht seine Kunst der griechischen Antike nahe, vor allem darin, dass Form und Inhalt sich völlig decken, d.h., dass die Form nicht bloß Zeichen für einen hintergründigen Wesensgehalt ist, sondern dass in ihr selbst sich das ganze Geschöpfewesen ausspricht. Das ist es, was Cézanne unter "la réalisation" verstand, was wir in diesem reinen Kunstsinn "Sachlichkeit" nennen.

Dass es auch in der Tierplastik subjektivere, so wohl dem so genannten impressionistischen Lebensgefühl näherstehende Gestaltungsmöglichkeiten gibt, zeigen die Werke von Renée Sintenis und in monumentalerer, weniger kapriziöser Auffassung die von Fritz Behn, dem greisen, heute noch lebenden Münchener Tierplastiker, auch die des früh (1921) verstorbenen, Wilhelm Krieger ebenfalls im Alter nahestehenden August Gaul (geb. 1869). Ihre Werke sprechen vielleicht auf den ersten Blick leichter an, weil sie dem Auge mehr bieten von dem stofflichen, natürlichen Oberflächen-

und Bewegungsreiz des Tierkörpers. In der Umsetzung in rein plastische Form oder geistig-inhaltlich ausgedrückt: in die Urgestalt des Tieres, ist ihnen allen Wilhelm Krieger überlegen und steht einzig da in der Reihe der neueren Tiergestalter.

Zum Begriff der künstlerischen Sachlichkeit gehört auch der Sinn für das Material in dem gearbeitet wird, das, was man heute Materialgerechtigkeit nennt. Sie konnte in der plastischen Kunst niemals so vernachlässigt oder bewusst vergewaltigt werden, wie etwa in der Malerei, die seit der Renaissance eine Kunst der räumlichen und atmosphärischen Illusionen gewesen ist (Raum- und Luftperspektive), unter radikaler Negation ihres Grundmaterials, der Bildfläche. Jedoch war auch die Plastik, insbesondere mit August Rodin, an die Grenze ihrer Möglichkeiten gelangt: Rodins Gestalten, in Stein gehauen, in Bronze gegossen, in Holz geschnitzt, verraten immer ihre Herkunft aus dem Geist des ersten Entwurfs in knetbarem Material, einen Geist der bedenkenlosen unbegrenzten Herrschaft über das Material. Professor Krieger hat auch seine Plastilin- und Tonmodelle stets schon vorgefühlt in dem Material, für das sie bestimmt waren, also in Stein oder Bronze. Bei den Bronzegüssen griff er in jede Phase des Arbeitsganges selbsttätig ein, in genauester Zusammenarbeit mit seinen Gießern. Schon das Gipsoriginal wurde einer strengen Prüfung unterworfen und sorgfältig überarbeitet. Vor allem aber bearbeitete er die Bronze stets vom Rohguss an selbst, während heute das Ziselieren meist den Facharbeitern in der Gießerwerkstatt überlassen wird, so dass der Künstler vom Tonmodell an den ganzen ferneren Arbeitsgang aus der Hand gibt. Für Professor Krieger war das Ziselieren keine mechanische Arbeit, nicht einmal nur der "letzte Schliff"; vielmehr wußte er, dass in ihr noch schöpferische

Möglichkeiten und Feinheiten verborgen sind, die erst dem Werk seine individuelle Frische und die letzte Präzision geben. Dazu kommt noch die ganz eigene und einzigartige Patinierung der Bronzen, in der er es im Laufe langjähriger Bemühungen und Erfahrungen zu einer wahrscheinlich unübertroffenen Meisterschaft brachte. Leider sind viele und darunter einige der am schönsten gelungenen Exemplare wohl für immer verloren. Um so kostbarer sind die wenigen original erhaltenen. Während sonst oft die Bronzen eine spiegelnd glänzende, in der Farbe einheitliche Oberfläche haben, verstand Professor Krieger es, ihnen einen transparenten, mattschimmernden Goldglanz zu geben und diesen so fein abzutönen, dass sich die verschiedenen Partien, etwa im Gefieder der Vögel, voneinander auch durch den Farbton unterscheiden. Zuweilen ist diese herrliche Wirkung, die erst die Kostbarkeit und den Adel des Materials recht zur Geltung bringt, noch unterstützt durch Silbertönungen. Leider hat Professor Krieger das Geheimnis seines Patinierungsverfahrens nie schriftlich niedergelegt. So wird es kaum je gelingen, in neuen Güssen die volle Wirkung des eigenhändig bearbeiteten Originals zu erreichen. Einzig der um den Nachlass ständig bemühte Sohn, dem allein es zu danken ist, dass wir heute den Überblick über das ganze reiche Lebenswerk haben, weiss von gelegentlichen mündlichen Unterweisungen her genug, um im Ziselieren wie im Patinieren die Originaltreue wenigstens im "Geiste und in der Wahrheit" zu erreichen.

Neben den Bronzen sind die Steinarbeiten an Zahl verhältnismäßig gering. Erhalten sind uns zwei Adler in Diabas, ein älterer, vor 1930, und der Ende der Dreißigerjahre entstandene, der heute vor der alten Werkstatt, unter dem ehemaligen Vogelfenster seinen Platz gefunden hat. Allen denen, die einst in der Werkstatt ein und aus gehen durften, ein stolzes und liebes Denkmal. Ferner eine Katze, entstanden in den Kriegsjahren, zu einer Zeit, als es schwer wurde, sowohl Bronzen wie lebende Modelle zu bekommen. Auch die Steinbeschaffung war damals, etwa 1943, schon schwierig, und so herrschte große Freude, als endlich die Arbeit beginnen konnte. Jedoch als sie schon sehr weit fortgeschritten war, zeigte sich eines Tages bei der Ausarbeitung des Kopfes ein entstellender dunkler Fleck, dem Laien nur schwer sichtbar, dem Künstler selbst ein unüberwindliches Hindernis. Immer wieder fuhr er mit einem nassen Schwamm über die verhängnisvolle Stelle, so dass sie wie ein Brandmal hervortrat. Und in unbezwinglicher Energie ruhte er nicht, bis ein neuer Stein beschafft war und das Werk zum zweiten Male angepackt wurde, immer mit dem Risiko, dass unter der Arbeit wieder ein solcher "Schandfleck" auftauchte. Beide Exemplare sind heute in der Werkstatt und können verglichen werden. Das schönste und großartigste Steinwerk, schon aus dem Anfang der Reifeperiode stammend, ist die liegende Löwin. Das erste Original, in Muschelkalk, gelangte in einen Garten in der Nürnberger Gegend. Von dort kaufte Professor Krieger es 1943 nach dem Tode des Besitzers zurück. In der unruhigen Zeit von 1945 fand es gastliche Zuflucht an der Terrassentreppe des Hauses Ruoff, wo es bisher noch geblieben ist. Eine Wiederholung in hellem Muschelkalk befindet sich an demselben Platz wie zu Professor Kriegers Lebzeiten, viele Jahre hindurch gleichsam das Wahrzeichen der Werkstatt. Dieses Werk ist deshalb von besonderem Interesse, weil es ein von jeher häufiges Thema der monumentalen Plastik aufgreift. Etwas von der alten Bedeutung des Wappentieres haftet auch dieser gelagerten Löwin an. Neben den meisten Werken ähnlicher Thematik wirkt die Kriegersche Löwin einerseits knapp und einfach in der plastischen Formgebung, andererseits federnd und geschmeidig, fast elegant.

Überhaupt ist es sehr lehrreich, die verschiedenen Bearbeitungen eines und desselben Motivs aus oft weit entfernten Zeiträumen zu vergleichen. Professor Krieger stand nicht unter dem modernen Zwang der Originalitätssucht in Hinblick auf die Darstellungsgegenstände. Vielmehr gab es für ihn keine Ermüdung am Motiv: Bis in seine letzten Tage hinein wandte er sich Modellen zu, die er in kürzeren oder längeren Zeitabständen schon mehrmals bearbeitet hatte. So entstand im Jahre 1944, ein Jahr vor seinem Tode, ein Jungfernkranich, über den er schrieb: "Er ist besser als die Vorigen. Also ist er berechtigt. Man sollte überhaupt alte Arbeiten wiederholen, um zu sehen, ob man weitergekommen, oder zurückgegangen ist." Leider konnte dieses Werk nicht mehr in Bronze gegossen werden. Aber wenigstens das Gipsoriginal kann verglichen werden mit einer älteren Bronze, die im vorigen Jahre auf der deutschen Jagdausstellung in Düsseldorf wieder gezeigt wurde.

Sehr bedeutsam ist eine andere briefliche Aussage des gleichen Jahres 1944, über einen Falken mit ausgebreiteten Flügeln: "Er ist das Beste, das ich bis jetzt in der Werkstatt gehabt habe." In so kategorischer Form äußerte Professor Krieger sich sonst selten oder nie. Um so schmerzlicher ist es, dass er gerade dieses Werk nur zum Teil noch selbst in Bronze ausarbeiten konnte. Seine Vollendung ist die schönste Gabe des Sohnes zum heurigen Gedenktag.

Für die Besucher unserer Gedenkausstellung erhebt sich nun noch die Frage nach der chronologischen Einordnung der Werke. Da Professor Krieger kein Tagebuch über seine Arbeiten führte, sind nur in einigen Fällen Datierungen möglich, auch diese meist nur ungefähr festlegen. Im Ganzen gesehen aber sind die älteren von den jüngeren Arbeiten leicht zu unterscheiden: Unverkennbar geht die

Entwicklung zu einer immer klareren, einfacheren, zugleich plastisch expansiveren, durchfühlteren Formbehandlung hin. Vor allem heben sich in der reifsten Schaffensperiode, die etwa mit den Dreißigerjahren beginnt, zwei Kennzeichen heraus, die auch in den nur in Abbildungen erhaltenen Werken deutlich bemerkbar sind: Der Verzicht auf alle bloß dekorative Behandlung und Zutat, d.h. also die Konzentrierung auf die rein plastische Form, und ferner jene oben erwähnte zarte und lebendige Behandlung der Bronzehaut.

In dieser Hinsicht schließen sich unter den ausgestellten Sachen zu einer Gruppe erlesenster Stücke zusammen die Schleiereule, der Jungfernkranich, die Truthenne, das Rebhuhn, die Wachtel, die Zwergrohrdommel, die Elster, hier interessant der Vergleich mit einer älteren aus den Zwanzigerjahren, das Rehkitz, der Jungfuchs, schließlich der stehende Turmfalke mit seitlich gewandtem Kopf, die großen Augen auf den Beschauer gerichtet, mit größter Energie und Straffheit das Lynkeuswesen dieses Vogels kennzeichnend (vgl. Johann Wolfgang Goethe, in: Faust II, 5. Akt „Türmerlied"). Und aus etwa der gleichen Entstehungszeit der auf einer Stange hockende, sein Opfer belauernde Turmfalke, mit hervorragend schönem Metallglanz der Bronzeoberfläche. An diesen beiden letzten Bearbeitungen des gleichen Modells lässt sich besonders gut beobachten, wie souverän Professor Krieger dieses behandelte bei aller Wahrung der Naturtreue: Bei dem stehenden Falken ist das Brustgefieder nicht einmal angedeutet, sicherlich auch deshalb weil es in dieser Stellung von Natur flach anliegt; formal aber gehört diese knappe Behandlung zur gespannten, energiegeladenen Stellung des Vogels. Beim still hockenden aber breitet es sich prächtig dekorativ gegliedert, in mehrere Schichten gestaffelt aus, der plastischen Gesamtform den vertikalen Halt gebend.

Ein großer Jammer ist es, dass die herrlichen Möven nur noch in Abbildungen erhalten geblieben sind. Sie gehören der glücklichsten Schaffenszeit von Mitte bis Ende der Dreißigerjahre an und stellen neben den genannten, etwa gleichzeitigen Werken den Höhepunkt der Lebensarbeit dar. Für uns Herrschinger sind sie außerdem unvergesslich verbunden mit der "Möveninsel", einer Sandbank im Ammersee zwischen Schloß Ried und Breitbrunn, die inzwischen längst wieder verschwunden ist, – damals eine Brutstätte für Möven.

Eine Gruppe für sich bilden die Arbeiten der letzten beiden Lebensjahre 1944 bis 1945. Sie sind nicht nur an Zahl zum Erstaunen groß, wenn man die fast unüberwindlichen Arbeitsschwierigkeiten dieser dunkelsten Zusammenbruchjahre bedenkt. Sie erreichen vor allem in einigen Stücken eine Höhe der Qualität, die kaum fassbar ist angesichts des schweren Leidens, das mindestens seit Dezember 1944 an den körperlichen Kräften zehrte: Auch hier, wie bei so vielen Großen, das Geheimnis der letzten Werke, die Ablösung der schöpferischen Energien aus der Bindung von Krankheit und drängenden Lebensnöten. Aus der Zeit von Mai 1944 bis März 1945 ist eine zusammenhängende Reihe von Briefen erhalten, nach denen sich die in diesem Zeitraum entstandenen Arbeiten Monat für Monat datieren lassen. Von dem Falken mit den ausgebreiteten Flügeln war schon die Rede. Außer ihm konnte auch ein Waldkauz noch in Bronze gegossen und vom Professor im März 1945 fertig ziseliert werden. Auch er ist von erlesener Schönheit, im Motiv einer Bronze aus früherer Zeit.

In Frühjahr und Sommer 1944 beschäftigte ihn noch einmal ein größerer Auftrag, eine "zwölfbeinige Gruppe von Rehwild, für die er eine Skizze im Gipsmodell herstellte, von der nur eine Fotoaufnahme erhalten ist. Er schrieb darüber: "Die Skizze ist, wie alle flüchtigen Entwürfe, sehr frisch." Zur Ausführung kamen davon bis zum Gips ein lebensgroßer Rehbock, der im vorigen Jahre in Bronze gegossen und verkauft wurde, und eine Rehgeiß, etwa 1947 in Bronze gegossen für ein Grab auf dem Münchener Waldfriedhof. In der Ausstellung können gezeigt werden zwei schöne Stücke aus früheren Jahren, eine Hirschkuh und ein Rehkitz, das auch auf den Deutschen Jagdausstellungen von 1950 und 1954 gewesen ist.

Zwei Arbeiten der letzten Zeit, die zu den schönsten gehören, aber leider nur im Gipsoriginal, bzw. im Zementguss vorhanden sind, warten vordringlich auf den Bronzeguss: Jener oben schon erwähnte grazile Jungfernkranich – und ein Zwerghahn von ganz besonders prächtiger plastischer Qualität.

Über den Modellgockel schrieb Professor Krieger im Dezember 1944: "In der Werkstatt raufe ich mich mit einem wunderschönen Zwerggockel ab. Der kleine Kerl ist wirklich sehr schön. Zugleich sehr kräftig und sehr vornehm. Viel mehr als ein gewöhnlicher Hahn. Er wirkt fast japanisch, besonders in der Farbe. Aber ich weiß nicht, was ich zuwege bringe."

Seit dem Frühjahr 1945 erlaubten die Kräfte kaum noch ein zusammenhängendes Arbeiten. In einer Briefstelle vom März heißt es: "In die Werkstatt komme ich seit einiger Zeit nur noch, um die Vögel zu füttern." Trotzdem entstanden noch in den allerletzten Monaten im Sommer 1945 fünf neue Arbeiten, von denen wenigstens eine in Gips in der Ausstellung zu sehen ist: ein sehr schöner Stierkopf in Form einer Wandmaske.

Für Professor Krieger endete die Arbeit nur mit dem Leben, und das Leben war für ihn Arbeit in seiner Kunst. Das zeigte sich gerade in den letzten bitterschweren Jahren, als ihm der älteste Sohn, der schon neben dem Vater selbständig zu arbeiten begonnen hatte, 1942 genommen wurde, und als der jüngere, ebenfalls mit schöpferischen Erbgaben ausgestattet, bis zuletzt im Felde stand. Nie hörte man ein Wort der Klage, aber um so intensiver wurde geschafft. Und nach seinem Tode schrieb seine Gattin: "Er hatte in der letzten Zeit noch viel gearbeitet und war ungehalten und traurig, dass sein Zustand es nicht zuließ, länger als zwei Stunden nacheinander zu arbeiten. Aber er hatte noch viele Pläne." Woher ihm aber, ihm, dem zart organisierten Menschen und Künstler bis zuletzt die seelischen Kräfte zuströmten, die auch seiner Arbeit von je den starken Impuls gaben, zeigen mehrere briefliche Äußerungen des letzten Jahres:

10.6.44: "Meine Frau ist heiter wie immer, und da dies natürlich keine Unempfindlichkeit ist, kann es nur Stärke sein. Deshalb zeige ich auch Ruhe; wenigstens lasse ich keine Unruhe aufkommen. Jammern ist ja überhaupt nicht ihre Sache, am wenigsten das Jammern im voraus. Und darin gibt sie im Haus den Ton an und wir anderen halten uns daran."

10.3.45: "Es war für mich so gut zu sehen, wie meine Frau und die drei Töchter sich so unbedrückt und fast heiter unterhielten. Es ist nicht Sorglosigkeit, also muss es wohl Stärke sein."

Dies ist zum Ausklang des Gedenkens an den Künstler, der, wie es nicht anders sein kann, auch ein seelenstarker und seltener Mensch war, und der noch dazu das Glück hatte, in seinem häuslichen Kreise Frohsinn und Harmonie zu genießen und vor allem auch die nie versagende Stütze zu finden, die ihm im materiellen Lebenskampf die Ruhe und Sicherheit der Arbeit ermöglichte.

Unveröffentlichtes Manuskript, im Nachlass von Wilhelm Krieger. Aus Anlass des 10. Todestages von Wilhelm Krieger verfasst.

Abbildungen und Zitate

Dorothea Grube, Ludwig Gurlitt, Ludwig Heck, Fritz von Ostini, Volker Tank und Wilhelm Krieger zu:
Hund, Reh, Katze, von Vögeln Ente, Zwerghuhn, Pute, Habicht, Adler, Eule, Dohle; von fremdländischen Tieren ein Arara und ein Kakadu-Paar

Entengruppe

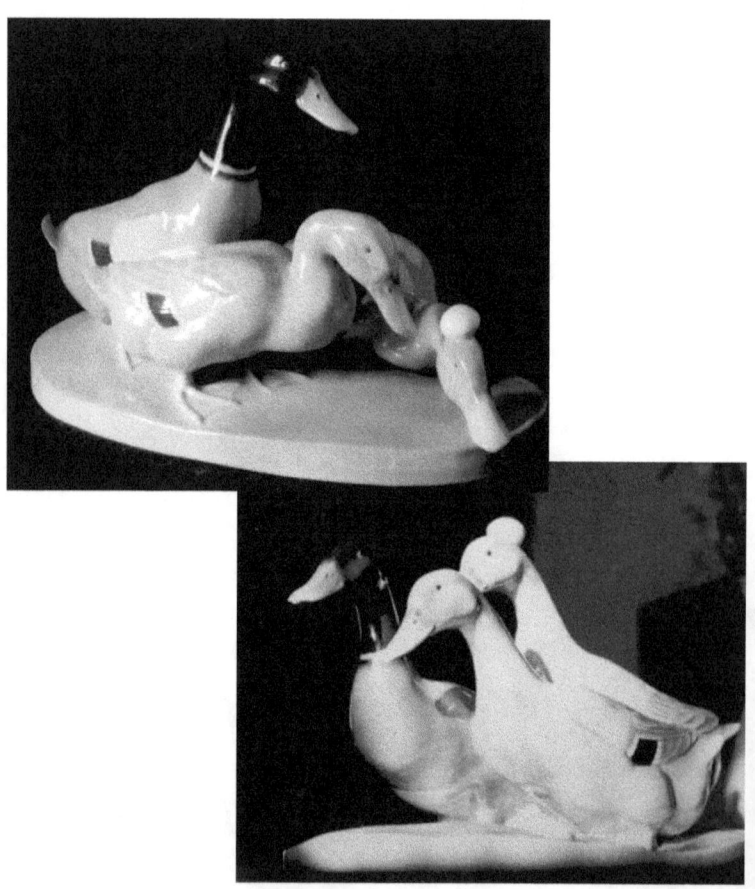

Vor allem müssen die Tierplastiken in Porzellan hervorgehoben werden, und hiervon wiederum zwei Enten-gruppen von Wilhelm Krieger, die in ihrer naturgetreuen Auffassung und vorzüglichen Ausführung eine hervorragende Leistung auf dem Gebiete der Porzellanplastik darstellen. Die eine Gruppe zeigte auf matt grauer Platte drei farbig ausgeführte Enten, die in der zarten Farbenabstimmung vorzüglich wirkten, die andere Gruppe, ebenfalls auf matt grauer Platte, war in Weiß gehalten, nur Schnabel und Schwimmhäute leicht getönt.

in: «Die Keramik» auf der Großen Berliner Kunstausstellung, 1910

Noch wirkungsvoller ist die schlanke indische Laufente in der bezeichnenden hoch aufgerichteten Stellung dieser Rasse; Hutschenreuther hat sie in Porzellan, bemalt in den Naturfarben des Erpels (grüner Kopf, weißer Halsring und graues Gefieder), vervielfältigt. Was mag so ein Stück in hundertundfünfzig oder zweihundert Jahren für Sammler und Liebhaber wert sein ... ?

Ludwig Heck, 1920

Kakadupärchen

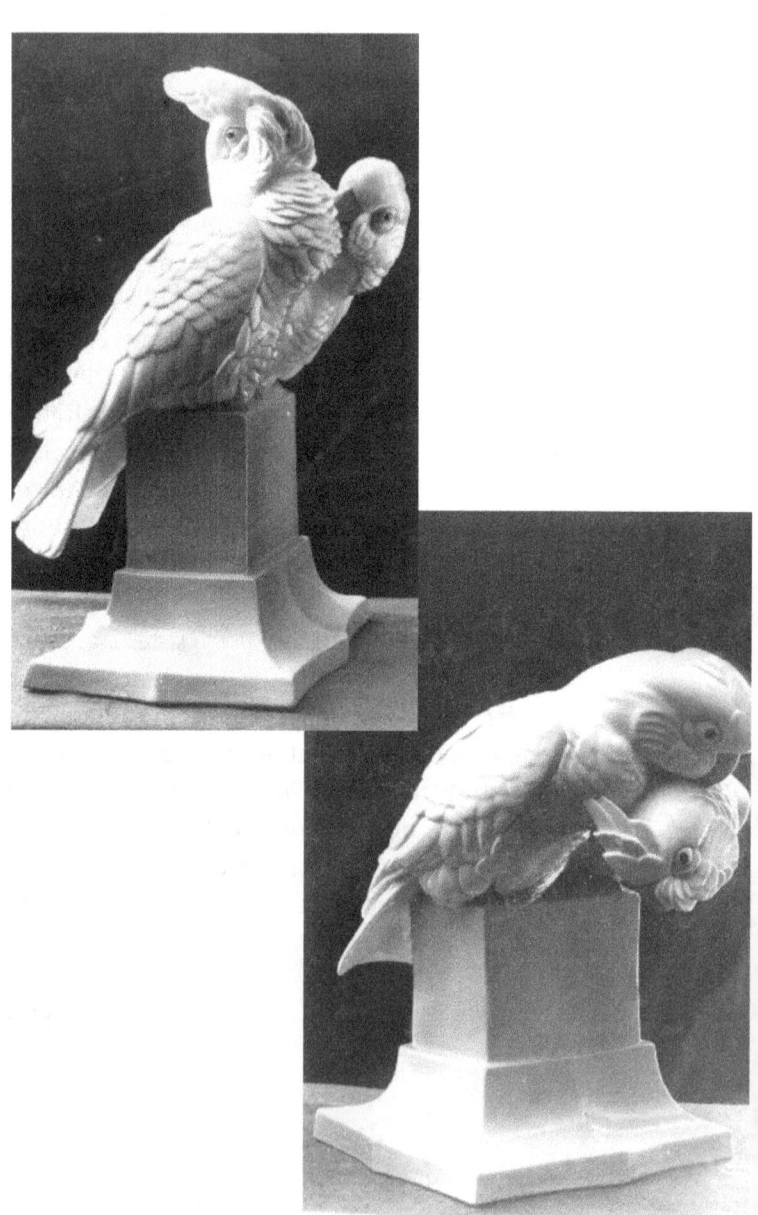

Hutschenreuthers Turmfalke und Lauferpel befriedigen aber auch in dieser Hinsicht vollkommen ebenso das so zärtlich einander das Köpfchen kraulende Pärchen Rosskakadu, das sehr glücklich ganz in der Naturfarbe wiedergegeben ist. Hier ist Krieger auch mehr auf das Einzelgefieder eingegangen, jedenfalls aus der sehr richtigen Beobachtung und Erkenntnis heraus, daß bei dem wohligen Kitzel dieses gegenseitigen Helfens im Gefieder dieses unwillkürlich gesträubt und dadurch in seinen Einzelheiten sichtbar wird.

Ludwig Heck, 1920

Windhunde

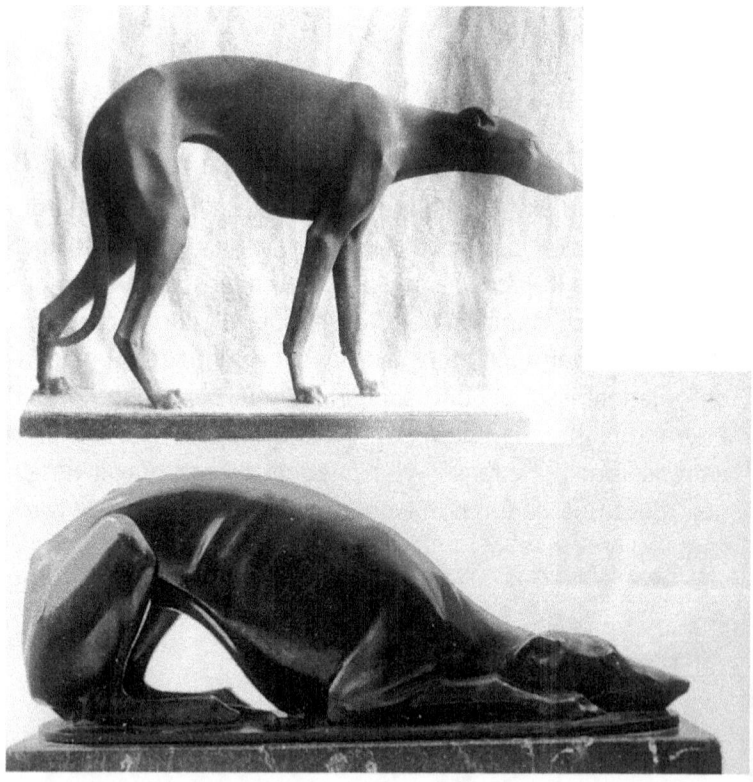

Einen Vierfüssler möchte ich aber doch noch aus seinen Werken vorführen, und zwar den Windhund, weil dieser mir so ganz besonders bezeichnend die strenge und zugleich feine Auffassungs- und Schaffensweise des Künstlers zu veranschaulichen scheint. Man verfolge nur einmal aufmerksam die Linien, Kanten und Flächen, die er an dem schlanken, leichten Windhundkörper angibt! Alles groß und ruhig, streng und einfach. Ich möchte glauben und sagen: eine Freude ebensowohl für den Kunstfreund wie für den Hundekenner. Es fehlen viele Einzelheiten, die sehr zur ›Belebung‹ des Ganzen dienen könnten; es fehlt aber nichts Wesentliches. Und, was – mir wenigstens – das Entscheidendste ist: es wird nirgends durch zügellosen künstlerischen Eigenwillen der Natur, der natürlichen Erscheinung und dem tatsächlichen Wesen des Tieres Gewalt angetan. Die Impression, die Empfindung des Künstlers ist natürlich und bleibt in natürlichen Grenzen.

Ludwig Heck, 1920

Katzen

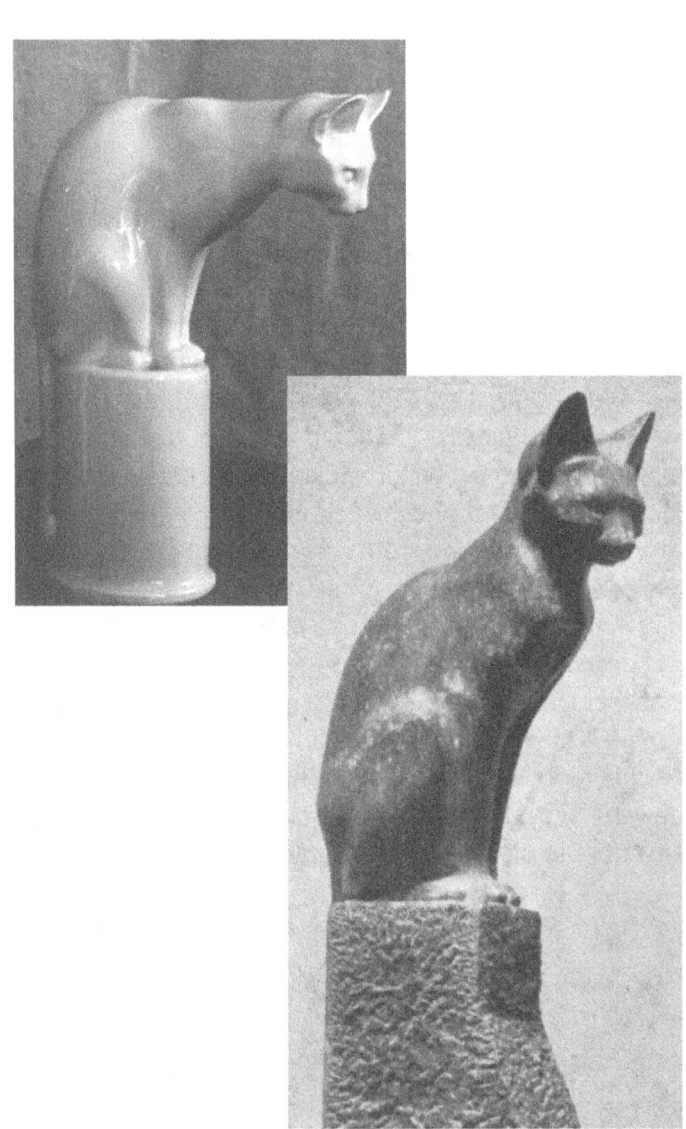

Kriegers Ausstellung seiner Tierplastiken in der Kunsthandlung von Brakl in München wurde als ein freudiges Erlebnis empfunden. Es waren etwa 30 Stücke zu sehen: Vögel und Vierfüssler. Von Schule und Richtung war da nichts zu spüren. Diese Tiere erinnern höchstens an altägyptische. Dies ist aber nicht die Folge bewußter Anlehnung. Im Gegenteil, als ich Krieger nach seinem Verhältnis zu den Ägyptischen Tierplastiken fragte, erklärte er, er habe diese am wenigsten studiert und zwar aus einem Gefühl heraus, das er schwer beschreiben könne. „Mich beschleicht immer etwas wie Angst, wenn ich Abbildungen oder sogar ägyptische Originale sehe, als fürchtete ich eine Beeinflussung. Wenn ich arbeite, denke ich nur an das Tier und sein Wesen und dann an das Material, das ich ebenso respektiere. Mehr braucht man ja auch nicht. Alles andere hält nur auf und stört."

in: „Die Kunst", Ludwig Gurlitt, 1923

Reiher

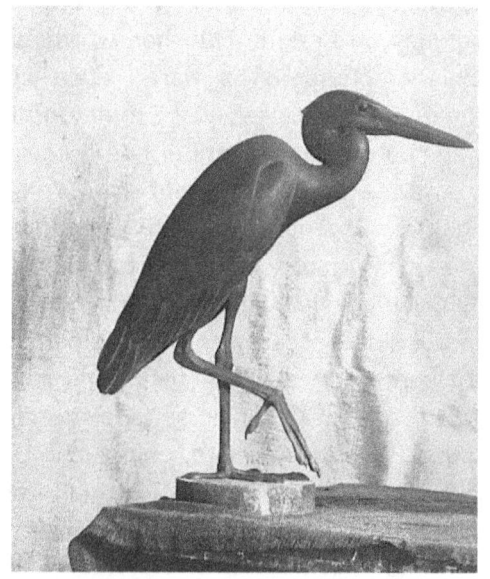

Schließlich stand Kriegers Künstlerverlangen auch nach dem Reiher. Ich konnte ihm einen liefern und war begierig, wie er sich mit diesem steifen, stelzigen Neidhart und Grimbart unter den Vögeln auseinandersetzen würde. Nicht lange, so schickte er mir die Aufnahme des Gipsabgusses, und ich konnte mich überzeugen, daß er in seinem Stil auch aus diesem Vogel-Ekel etwas Anziehendes zu machen weiß. Scharf gekennzeichnet in einer Eigenart durch Haltung und Umriß, steht der lauernde Fischräuber da, in Bereitschaft zu federndem Vorstoßen des Schnabels, den leeren Hals zurückgerichtet an der einzigen Stelle, wo dies durch besondere Festhaltung der Halswirbel möglich ist; das eine Bein mit dem langzehigen Fuße halb erhoben wie zum sachten Weiterschreiten im seichten Wasser. Bein und Fuß sind höchst lebendig, auch ins Einzelne gehend ausgearbeitet mit allen ihren feineren Linien und Kanten, weil der Beschauer das unbewußt von diesen frei dem Auge sich darbietenden Teilen verlangt. Dagegen ist das am lebenden Vogel glatt anliegende Gefieder auch im Abbild ganz glatt gehalten, kaum in Felder geteilt; nur wo der zusammengelegte Flügel sich in die Schulter einsetzt, ein auffallender Einschnitt – eben an der Stelle, wo auch in Wirklichkeit immer einer zu sehen ist.

Ludwig Heck, 1920

Ara und Zwerghühner

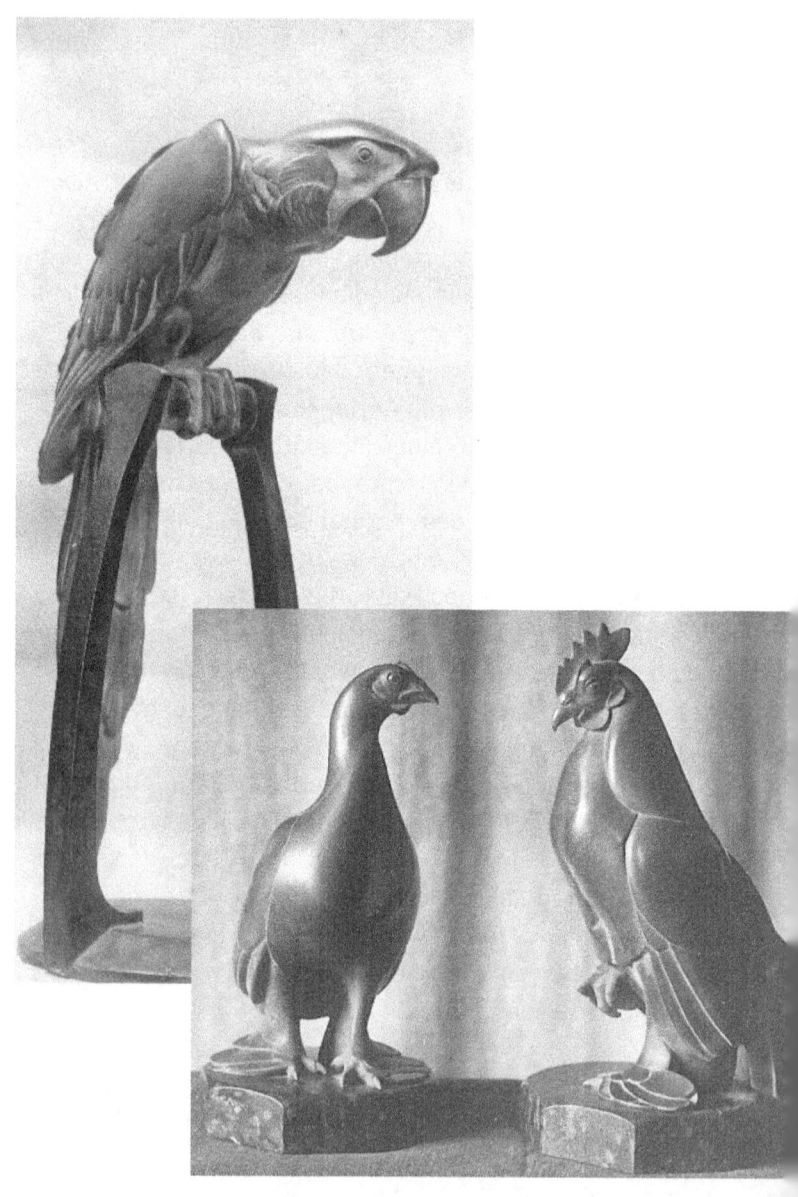

Vor allem fesselte mich ein Pärchen federfüssiger Zwerghühner. Von weitem schon für den Kenner kein Zweifel, welcher Rasse angehörig, und doch, wenn man näher zusah, wie einfach war das alles gemacht! Da war von dem weicheren Kleingefieder überhaupt nichts im einzelnen angegeben, nur die großen, harten Kielfedern der Flügel, des Schwanzes und der Latschen an den Füssen; die aber auch mit aller nur wünschenswerten Klarheit und Deutlichkeit. Der ganze eigentliche Vogelkörper war in große, glatte von scharfen Linien umrissene Flächen eingestellt ... Sehr schnell ... merkte ich, wie natürlich diese Flächen den tatsächlichen Gefiederflächen entsprachen, wie feinfühlig diese Linien den sichtlichen Grenzen der Gefiederfelder nachgezogen waren. Schwer war es bei dem Zwerghühnerpärchen, loszukommen von der schläfrigen Behaglichkeit des Hähnchens und der lässigen, man möchte sagen: echt weiblichen Grazie des Hühnchens, von diesem stillen, inneren Leben ... eine wahre Feinschmeckerei! Aber sie wiederholte sich, als der Blick auf den Bronze-Ara fiel, der da in der Nähe auf seinem Bügel hockte, ganz in der gebückten Haltung und mit dem beobachtenden Blick, wie man das von diesen großen Papageien kennt. Auch da nur Federn angegeben, wo es nicht ohnedem geht, wo ohnedem die Natur zur Unnatur vergewaltigt würde; wo aber Federn gemacht sind, da sind sie auch richtig gemacht und sitzen richtig. Und der eigenartige, hübsche Bügel, den die Kletterfüsse so lebendig - fest umklammern! Freilich braucht der Bronze-Ara auch kein Futter- und Wassergefäß, was uns im Zoo gewöhnlich die Sache verschandelt.

Ludwig Heck, 1920

Mandarinerpel

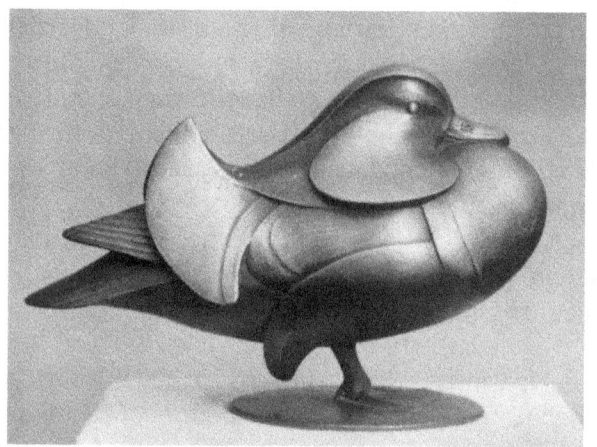

Und naturnah bleibt der Künstler auch da, wo er bis an die Grenze geht und das Tier fast schon zum Ornament stilisiert - z.B. in der Figur des Mandarin-Erpels, der Pute auf dem Sockel, auch wohl der Eule in Bronze, in der eine gute Dosis feinen Humors steckt. Köstlich ist auch die andere Eule aus grauem Marmor, der eine fast rätselhaft erscheinende Weichheit des Gefieders gegeben ist. Überhaupt meistert Krieger den Stein nicht minder ausgezeichnet als die Bronze, aus der er alle erdenklichen Oberflächenwirkungen herauszuholen weiß.

Fritz von Ostini, 1924

Eulen

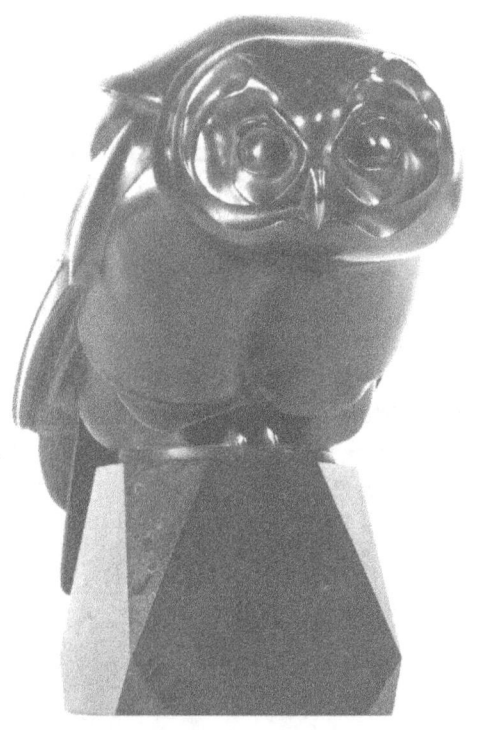

Eulen dagegen, die er mehrfach gemacht hat, gibt Krieger wieder ganz großzügig nur in ihren hauptsächlichen Gefiederfeldern und deren Umrißlinien an, wobei der Gesichtsschleier fast zum Blumenkelch wird. Das stört aber nicht im geringsten; man muß sich vielmehr wundern und freuen, wie es dem Künstler gelingt, auch in seinem strengen Stile die flaumige, bauschige Eigenart des Eulengefieders sehr bezeichnend herauszuarbeiten dadurch, daß er die Ränder der einzelnen Gefiederfelder an den tief eingeschnittenen Trennungslinien möglichst weich hochwölbt. So hat der Beschauer vollkommen den Eindruck des weichen Eulengefieders, und doch sind in Wirklichkeit kaum ein paar Schwingen und Schwanzfedern angegeben.

Ludwig Heck, 1920

Bussard und Habicht

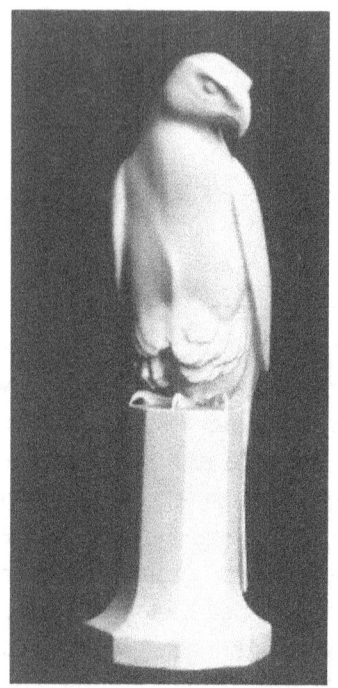

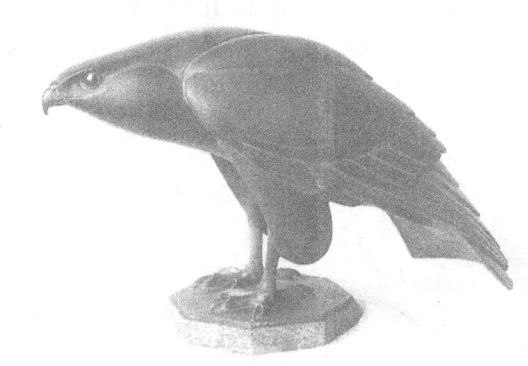

Bussard und Habicht folgten dann in ähnlich großzügiger, trotz augenscheinlichstem Leben ungemein ernst wirkender Darstellung; der Habicht wieder auf einer Säule sitzend, den einen Fuß unter das Bauchgefieder hochgezogen. Wie da vor dem hochgezogenen Fuße dieses sich absträubende Gefieder herausgearbeitet ist, soundso viele einzelne Federn, die man zählen kann, während sonst an dem ganzen Vogelkörper nirgends eine Einzelfeder angegeben ist, das ist wieder echt Krieger. Ich kannte seine Künstlerhandschrift nun schon und gab ihm willig und mit Freuden recht. An dieser Stelle geht es eben nicht ohnedem, und wenn der Künstler da so recht modern unentwegt ebenfalls eine unausgearbeitete Fläche oder Masse vorgehängt hätte, käme man auch bei der übrigen ganz glatt behandelten Körperoberfläche des Vogels nicht in die Vorstellung von Gefieder hinein. Dadurch aber, daß Krieger uns an der einen notwendigen Stelle das Gefieder wirklich zeigt, zwingt er uns innerlich und unbewußt, auch sonst an dieses zu glauben, und bringt es zuwege, daß wir nirgends etwas vermissen. Es ist die Sache seines feinen künstlerischen Taktes, den er wahrscheinlich ganz unbewußt übt. Aber sagt man nicht, beim Künstler sei das Unbewußte gerade das Beste? Diesen Habicht hat Hutschenreuther in Selb in weißem Porzellan mit ganz zarter Vergoldung herausgebracht, und das ist meines Erachtens ein Staatsstück geworden, an dem alles das, was ich im Vorstehenden deutlich zu machen suche, noch viel mehr auf den ersten Blick in die Augen springt als an der Bronze.

Ludwig Heck, 1920

Dohle

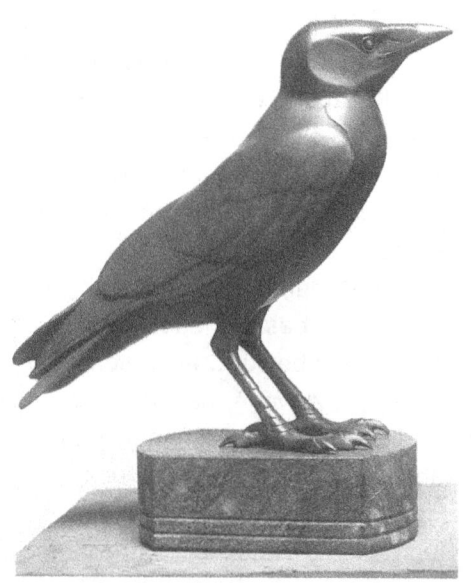

Mir hat es am meisten seine kleine schwarze Dohle angetan. An der ist alles Wahrheit, unverfälschtes Leben. Wie selbstsicher die kleine Kreatur daherschreitet und um sich schaut! Man studiere nur ihre soliden Beine, ihre prächtigen Schwingen, ihr dichtes Gefieder, mit dem sie jedem Wetter trotzt. Da sitzt jeder Schlag und jeder Strich.

Ludwig Gurlitt, 1923

Zwergrohrdommel

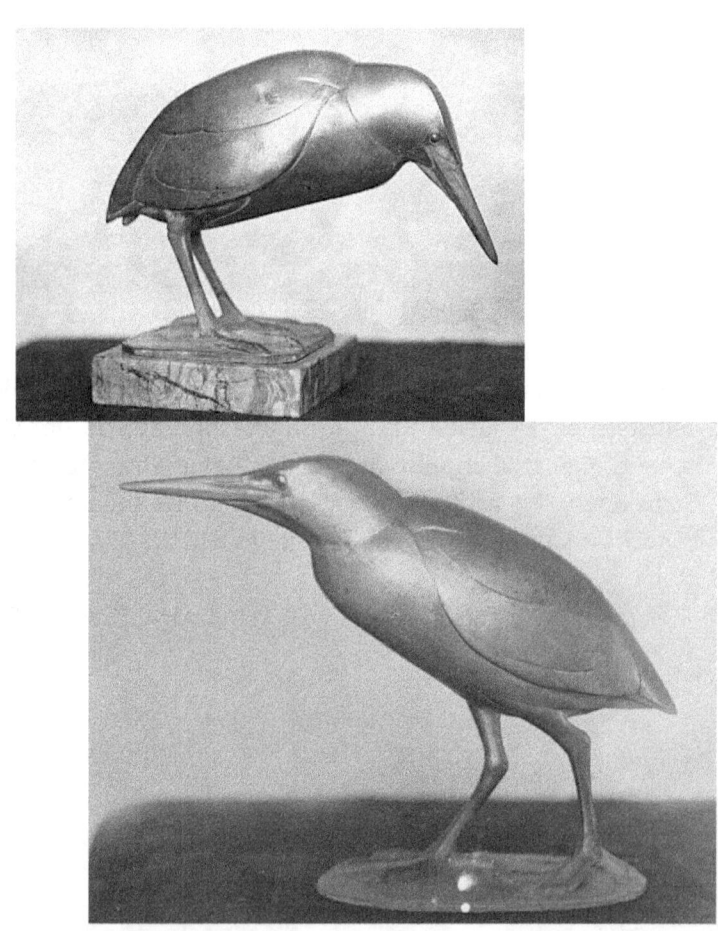

Verehrter Herr Krieger, kaum las ich in der Zeitung, daß Sie ausgestellt hätten, so stürzte ich gleich zu Paulus, so sehr freute ich mich, Ihre Arbeiten wieder zu sehen. Ich und meine Familie sind alte Verehrer von Ihnen.

Gleich das erste mal nach dem Kriege bei Brackl kaufte ich die Pekingente und gestern die reizenden Sandläufer.

Ich kaufe nur noch von Originalen wie Sie, Treumann, Pankok und vielleicht 3 anderen, die einzigen, die es im Deutschen Reiche gibt.

> Aus einem Brief von Hermann Obrist an
> Wilhelm Krieger, 1926. Im Nachlass des Künstlers

Vögel

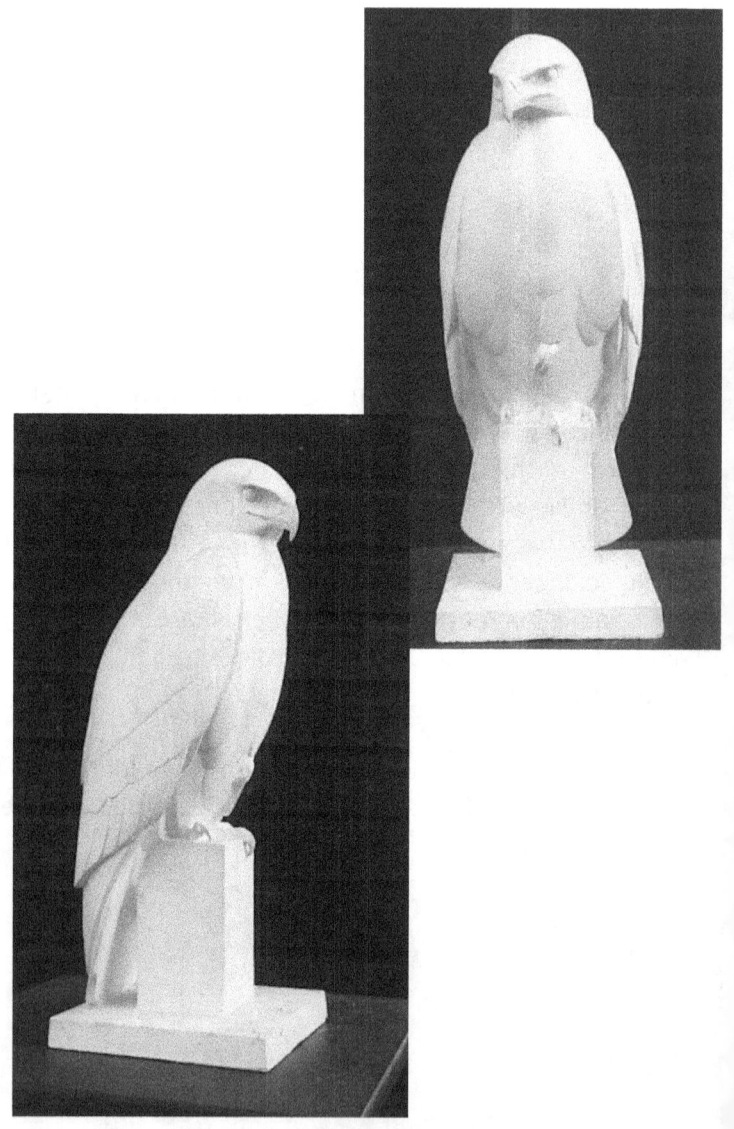

Eigenartig, daß Krieger ... als künstlerische Vorwürfe offenbar die Vögel bevorzugt, die die Bildner sonst für gewöhnlich eher meiden, weil der Vogel wegen seines starren, in sich unbeweglichen Rumpfes und des sichtlich in reihenweise Federfluren geordneten Gefieders mit Recht als nicht sehr dankbar für plastische Darstellung gilt. Indes hat es vielleicht unseren Künstler gerade gereizt, diesen spröden Stoff zu meistern, und er hat ihn gemeistert, wie wir gesehen haben.

Ludwig Heck, 1920

Die erste Frage also, die wir uns zu stellen haben, ist die nach dem Werte seines zurückgelassenen Werkes. Zu seinen Lebzeiten hatte es seinen Platz in der Anteilnahme und Bewertung seiner Zeitgenossen, und wir wissen in Bezug auf Prof. Wilhelm Krieger, daß es kein geringer Platz war. Unter den Meistern in seinem speziellen Fache der Tierplastik stand er mit unter den Ersten und dieser Rang ist ihm von Fachgenossen und Kennern nie bestritten worden. In höchstem Maße aber erfüllte er die ursprünglichste Bedingung allen Kunstschaffens - die Liebe nämlich zu seinen Modellen ... der Schwerhörige, der kaum je die Vogellaute draußen im Freien auffangen konnte, hatte im Südfenster seiner Werkstatt ein großes Vogelbauer, nach innen wie nach außen nur durch eine feine Drahtwand verschlossen, und schon im Herankommen durch den Garten hörte man das lebhafte Gezwitscher der z.T. exotischen Vogelschar.

Dorothea Grube, 1955

Adler

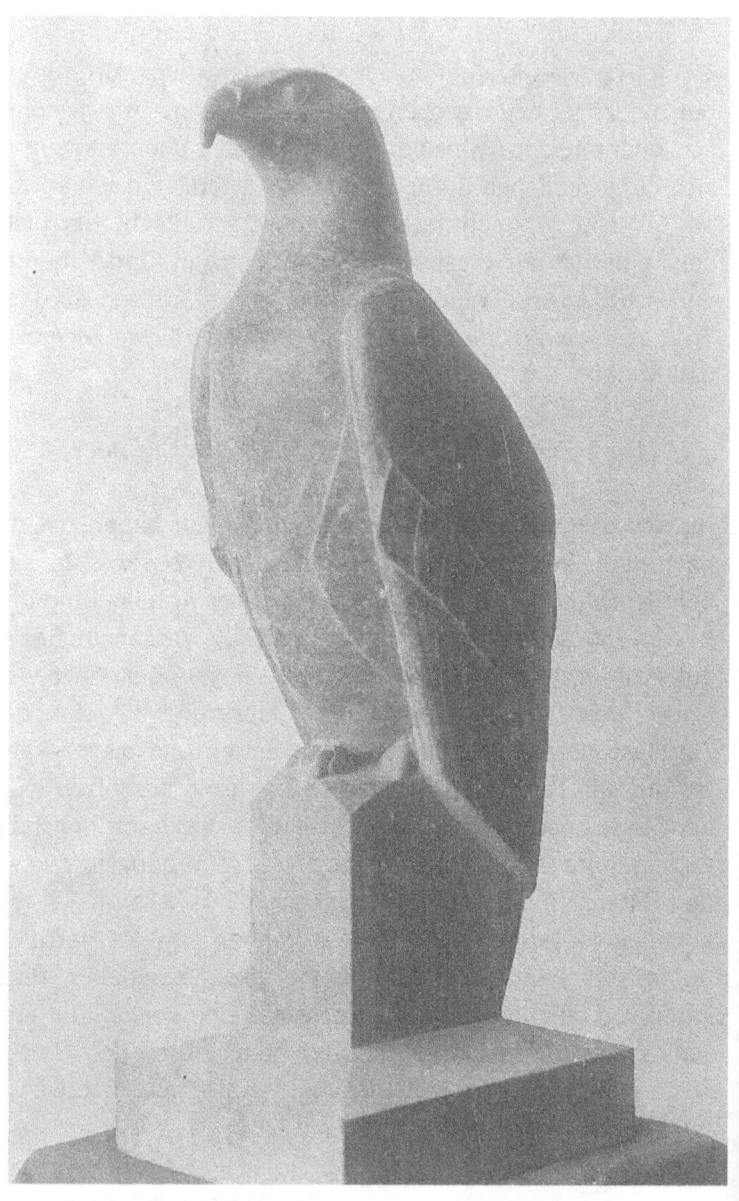

Da haben wir den ganzen Krieger und zugleich eine völlig ausreichende Erklärung seiner Kunst. Er hat nur eine Schule hinter sich, die Natur. Er gehört keiner Kunstrichtung und Kunstmode an, sondern steht allein für sich. Das Gefühl, mit dem er sich den Tieren naht, ist Liebe und Ehrfurcht. Er sagte mir, er habe sich vor dem Adler, den er modellierte, immer - geniert! Der wäre aber auch so stolz gewesen, habe ihn wie Luft behandelt. Aus dieser Ehrfurcht vor den Tieren als einer Offenbarung des Göttlichen erklärt sich nun auch, daß seine Werke an Tierplastiken der alten Ägypter erinnern, die ja die Tiere als Gottheiten verehrten.

Ludwig Gurlitt, 1922

Dr. Ludwig Heck, der Leiter des Berliner Zoologischen Gartens, wohl einer der ersten Tierkenner im Lande, hat unlängst im «Kosmos» diese Kunst der Tierplastik geradezu enthusiastisch besprochen und dabei das künstlerische Wesen dieses Bildhauers und seines Stils ungemein scharfsinnig analysiert. Er weist dabei mit Recht auf die gute alte Plastik Ostasiens oder Ägyptens hin. Auch da und dort verstand man die schwere Kunst, weitgehende Vereinfachung der Form mit höchster Naturwahrheit zu vereinigen. Wenn irgendwo in einem Kunstzweige der geistreiche Spruch gültig ist, die Kunst bestehe im Grunde aus dem Weglassen des Entbehrlichen so ist das bei der Tierplastik der Fall - was ja sicherlich auch andere erkannt, aber nicht viele bis zu dieser vollkommenen Sublimierung der reinen Form durchgeführt haben. Kriegers Ausstellung wird manchen Besucher überzeugen, dass er – der Besucher! – überhaupt kaum je ein Tier richtig angesehen habe. Das Stärkste in diesem Sinne erlebt man vor seinem großen Adler, der so ganz anders aussieht, als des Städters, in diesem Falle ganz sicher durch die Heraldik beeinflusste Phantasie ihn sich vorstellt. Aber wie schnell wird ein jeder, der Kriegers mächtigen und imponierenden Vogel gründlich betrachtet, von der verblüffenden Lebenstreue dieses Bildwerks überzeugt sein!

Fritz von Ostini, 1924

Marabu

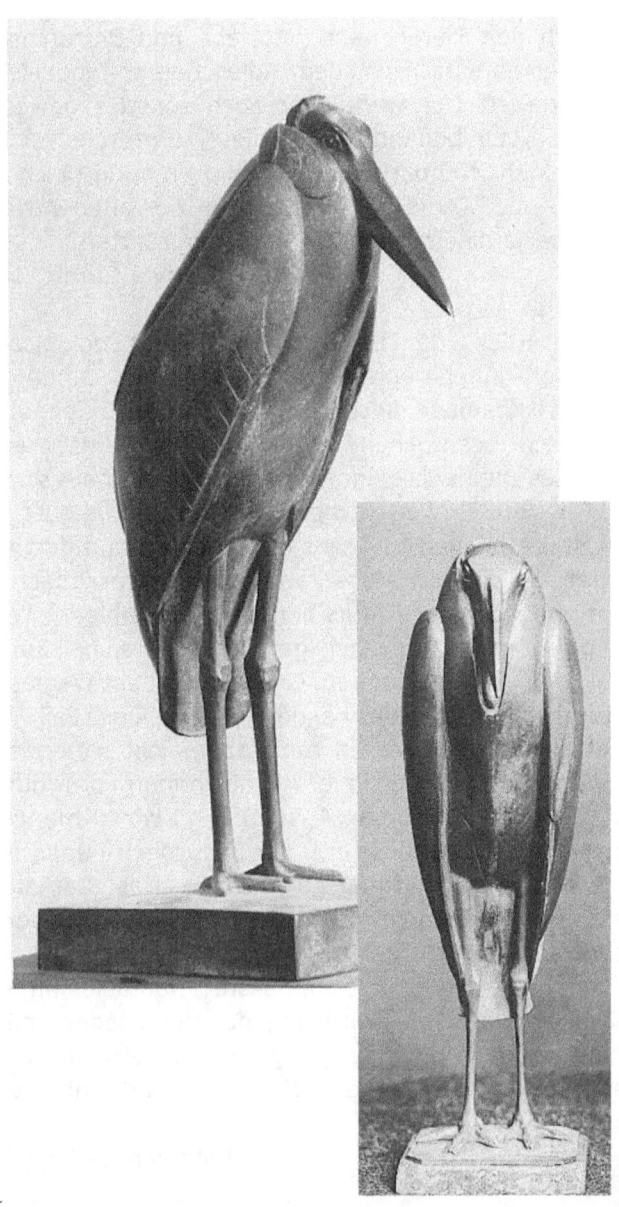

Seine Natur ist auf das Wesentliche gerichtet und dieses Wesentliche hebt er mit sicherer Kraft heraus. Indem er die Naturnotwendigkeit aller Tierformen aus den Bedingungen ihres Lebens heraus erkennt, wirken seine Arbeiten wie Nachschöpfungen der Natur. Das ist etwas ganz anderes, als bloße Nachbildung. Die Nachschöpfung dringt in den Sinn der Formen ein und führt damit zum vollendeten Stil, wenn anders Stil den deutlichsten Ausdruck des Formenzwecks bedeutet. Bei so scharfer Betonung des Wesentlichen verliert das mehr zufällige Beiwerk jede Bedeutung. Daher auch von dem Gefieder und der Behaarung nur die notwendigsten Formen – diese freilich mit wunderbarer Schärfe und Überzeugungskraft – vorgetragen werden.

in: „Die Kunst", Ludwig Gurlitt, 1923

Condor

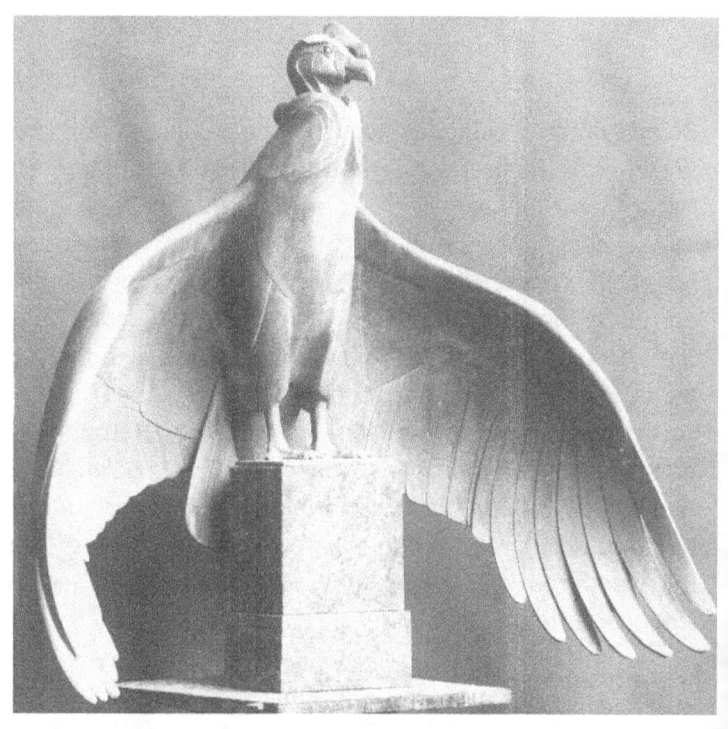

Krieger scheint sich mehr und mehr zum Spezialisten für Vogeldarstellungen zu entwickeln; wer seine früheren, z.T. ganz prächtigen plastischen «Bewegungsaufnahmen» aus der Säugetierwelt kennt, möchte das fast bedauern; andererseits zeigt der Künstler gerade in seinen Vogelplastiken eine Beherrschung nicht nur des lebenden Vorbildes und des Materials, sondern vor allem einer völlig eigenartigen Formensprache, wie sie auf diesem Gebiete kaum einem anderen Zeitgenossen gegeben ist. Wenn man das Mittelstück der Ausstellung, den wundervollen, flügelspreitenden Condor, länger auf sich wirken läßt, so wird einem hier wohl am ehesten klar, womit diese Formensprache erreicht wird: Es ist eine rein flächige Bearbeitung (die beim Federwild immer Gefahr läuft, hart zu werden, hier aber beschwingt und beweglich bleibt) und dazu eine bewußte Vereinfachung, die doch der Lebenswahrheit keinen Abtrag tut; so wirken die Plastiken wie stilisiert und doch höchst lebendig. Das Charakteristische jedes Tieres ist aufs beste getroffen.

Münchner Neueste Nachrichten 1928

Falke und Habicht

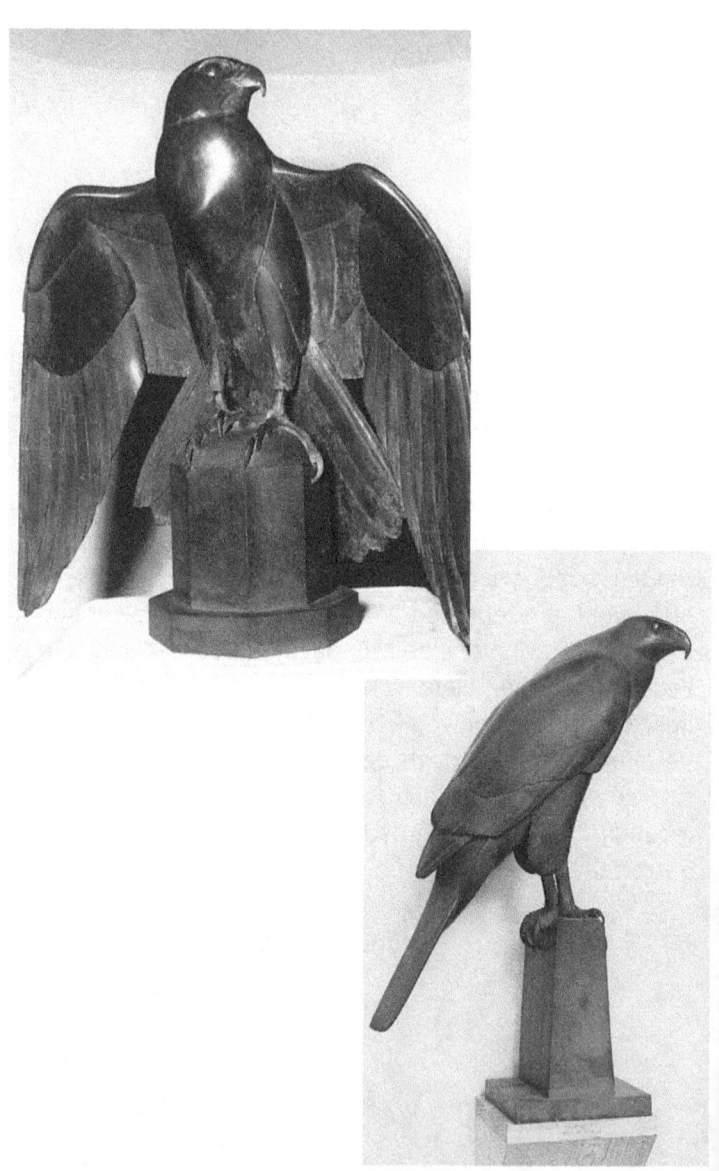

Der ruhende Turmfalke, der sich sonnende Wanderfalke und der spähende Habicht bringen das Wesen dieser Greife so eindringlich zum Ausdruck, wie es eigentlich nur das lebende Tier vermag. Man ist an Heinrich von Kleist´s „Brief eines Dichters an einen anderen" erinnert, in dem Kleist zwar Gedanken über die Form von Gedichten äußert, diese sich aber auch auf die Kunst allgemein anwenden lassen: „Denn das ist die Eigenschaft aller echten Form, daß der Geist augenblicklich und unmittelbar daraus hervortritt". Die Darstellung der Greife Prof. Kriegers ist so weitgehend reduziert, daß z.B. das Kleingefieder in wenige große, scharf begrenzte Flächen aufgeteilt ist. Diese Formgebung aber verschwindet hinter der Wirkung der Plastik; es steht da, was den Vogel ausmacht. Die Empfindungen, die diese Kunstwerke bewirken, lassen sich mit Oskar Kokoschkas Selbstbildnis wiedergeben, das die Plastiken in Erinnerung rufen. O. Kokoschka bringt darin zum Ausdruck, wie wichtig es für einen Künstler (und eigentlich jeden Menschen) ist, „sehen" zu lernen, das Sehen zu üben und schließlich sehen zu können (O. Kokoschka gründete und leitete nach dem Zweiten Weltkrieg in Salzburg die „Schule des Sehens"). Prof. Wilhelm Krieger konnte sehen.

Volker Tank in: „Greifvögel und Falknerei", 1990

Kranich

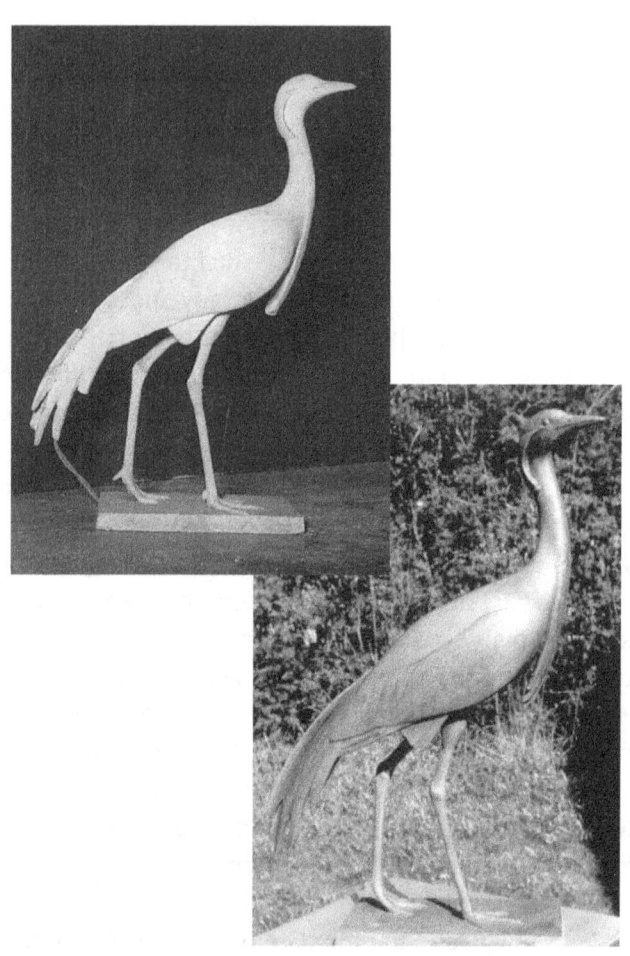

(Die Plastiken) verraten das tiefste Verständnis nicht allein des Körperbaues der Tiere, sondern auch ihres Charakters. Sie sind durchaus Porträts von sprechender Ähnlichkeit - man glaubt, sie alle persönlich zu kennen - zugleich aber auch vollwertige Vertreter ihrer Gattung, da alles hier Zufällige fernbleibt, das Wesentliche aber in klaren, festen Formen zum Ausdruck kommt. Diese Tiere sind nicht in Beziehung zum Menschen gesetzt. Was geht sie der Mensch an?

Ludwig Heck, 1921

„Ich habe mir also einstweilen wieder einen Kranich ausgebeten (Hellabrunn). Ich kann ihn ja besser machen, als den früheren. ... Da kein anderes ernährbares Modell zu haben war, habe ich von Hellabrunn einen Kranich bekommen, der nun fertig ist und besser, als die vorigen. Er ist also berechtigt. Man sollte überhaupt alte Arbeiten wiederholen, um zu sehen, ob man weitergekommen oder zurückgegangen ist."

Wilhelm Krieger, 1944

Zwerghahn

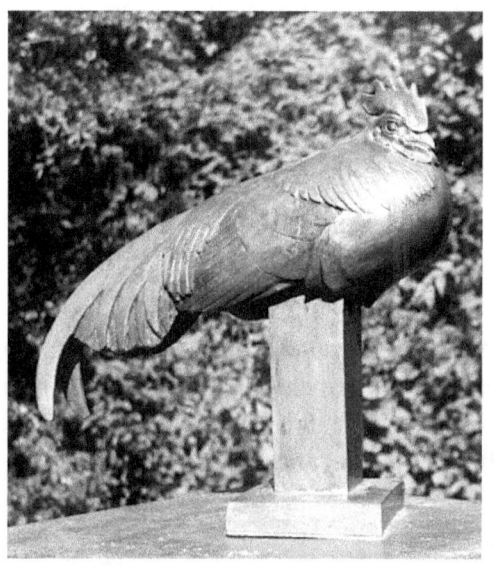

„In der Werkstatt raufe ich mich mit einem wunderschönen Zwerggockel ab. Der kleine Kerl ist wirklich sehr schön. Zugleich sehr kräftig und sehr vornehm. Viel mehr als ein gewöhnlicher Hahn. Er wirkt fast japanisch, besonders in der Farbe. Aber ich weiß nicht, was ich zuwege bringe ...

„Der Gockel könnte schön werden, dabei «nur» ein Gockel und teuer im Guß."

Wilhelm Krieger, 1944

Rehe

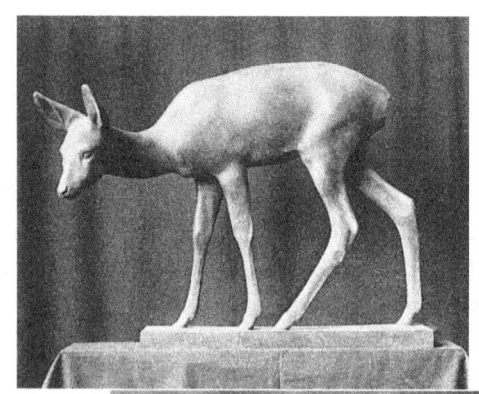

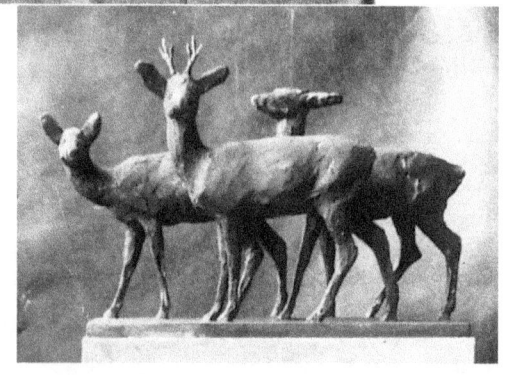

„Der Rehbock freut mich und ich glaube, er könnte werden, aber ich habe seit 3 Wochen kein (Modell) mehr gehabt."

„Trotzdem ist ein Bock geworden, der nun in Gips rumsteht, bis ich ihn in die Kammer versenke, wo er „bis zum siegreichen Ende" stehen bleiben kann. ... Inzwischen habe ich eine Skizze zu einer 12 beinigen Rehgruppe gemacht. Die Rehe haben 12 cm Schulterhöhe, ... die Skizze ist, wie alle flüchtigen Entwürfe, sehr frisch und ich bin gespannt, was die (Interessenten) dazu sagen."

Wilhelm Krieger, 1944

Professor Wilh. Krieger

Bildhauer

Herrsching am Ammersee

Biografie

2. Juni 1877:
Geburt auf Norderney. Theodor Eduard Krieger (Malermeister und Glaser) und Gretje Wilhelmine Krieger, geb. Theemann

April 1888:
Eintritt in das Ulrichgymnasium in Norden (kein Abschluss nachweisbar)

Bis 1896:
3-jährige Ausbildung bei einem Dekorationsmaler in Bremen (ohne Abschluss)

1896/97:
1-semestriger Besuch der Kgl. Kunstgewerbeschule in München (Abbruch)

Ab 1901:
erlernt Krieger autodidaktisch die Bildhauerei

1903:
Mitbegründer und Teilhaber der Kunstgewerblichen Werkstätte Zierhut&Krieger, München

1907-1938:
Mitglied der Münchner Secession

1912:
Umzug nach Herrsching (eigenes Haus mit Atelier „Werkstatt" genannt), Heirat mit Emilie Butters (1879-1961, Keramikerin). Aus der Ehe gehen 2 Söhne und 3 Töchter hervor.

21. Dezember 1927:
Verleihung des Titels „Professor für bildende Künste" im Namen der Regierung des Freistaates Bayern vom Bayerischen Staatsministerium für Unterricht und Kultus. Ein pro forma Titel, denn er beinhaltete weder einen Lehrstuhl noch Honorar.

1. April 1932:
Eintritt in die Ortsgruppe Herrsching der NSDAP

September 1945:
Tod in Herrsching

Zahlreiche Ausstellungsbeteiligungen und Einzelausstellungen u.a. in Turin, Berlin, Düsseldorf, Bremen, Dresden, Leipzig, Nürnberg, München

Seine Entwürfe wurden in Bronze, Porzellan und Steingut ausgeführt, u.a. von den Firmen:
Reiter, München; Niedermaier, München; Kunstguss Lauchhammer; Töpferei Grootenburg; Paul Dresler, Krefeld; Keramische Werkstätte Otto Koebke, Herrsching; Porzellanfabrik Gebr. Heubach, Lichte; Hutschenreuther, Selb, Porzellan-Manufaktur Allach-München

Bittschreiben der Schwiegermutter Wilhelm Kriegers
8. Juni 1931

An das Kultusministerium für Kirchen und Schulangelegenheiten.
Unterstützung eines in große Sorge geratenen Künstlers.

Ich bin die Witwe des 1910 verstorbenen Studienrates Gerold Butters aus Neustadt a.d. Haardt. Es handelt sich um meine Kinder, den „Professor der bildenden Künste" W. Krieger in Herrsching a. Ammersee, dessen Frau meine zweite Tochter ist. – Es ging ihnen gut, da beide tüchtig arbeiten, bis nach der Inflationszeit. Nun hatten die Menschen kein Geld mehr für die Kunst, Bronzen sind zu teuer und keiner will mehr kaufen. – Nun haben die Leutchen fünf Kinder, im Alter von 9-17 Jahren, alle gut veranlagt, die sollen nun lernen ihren Fähigkeiten nach ihren Weg durchs Leben finden. Meine Tochter, die mehrere Prüfungen bestanden hat, sie ist auch geprüfte Zeichenlehrerin von der Kunstgewerbeschule München, erwarb sich die Befugnis Schulunterricht zu erteilen. Sie gibt schon einige Jahre Schulstunden um sich und ihre Familie über Wasser zu halten, neben ihren hausarbeiten, die sie bis jetzt ganz allein besorgt. Ich teile meine nun sehr geschmälerte (durch die Notversorgung) Pension mit ihnen. Eines der Kinder habe ich in Nürnberg in der evangelischen Mädchenschule. Ich bin im 80ten Lebensjahr, wie lange werde ich die Kinder noch unterstützen können? Der Mann ist ganz niedergedrückt, wenn er seine Frau so arbeiten sieht und so wenig helfen kann. Kann man solch einem Familienvater nicht eine monatliche Unterstützung erwirken, so lange die Zeiten so schlecht sind? Was soll werden, wenn ich nicht mehr bin, die wenigstens noch einiges beisteuern kann. Darf ich um Antwort bitten, ob ich Hoffnung haben kann, daß den Armen Hilfe in Aussicht steht? Die beiden wissen nichts von meinem Schreiben.

Hochachtungsvollst Frau Gerold Butters
z.Zt. Frankfurt am Main, Herzbergstraße 11
bei Dipl.Ing. Joh. Krause, Kriegsinvalide

Abbildungen

Titelbild: Blick in die Werkstatt, 2010. Foto: Schmidt

Seite 2+3: Professor Wilhelm Krieger im Wald mit Reh, wohl 1940
Seite 6+7: Einblicke in die Ausstellung Wilhelm Krieger auf Norderney im Conversationshaus. Foto: Schmidt
Seite 8: Display zur Ausstellung. Design: Ute Stiasny
Seite 70: Entengruppe (WVZ 91a, WVZ 91b). Porzellan Heubach, farbig gefasst, Höhe 20 bzw 18,5cm, beide vor 1910
Seite 72: Kakadupärchen (WVZ 124, WVZ 125). Porzellan, Hutschenreuther, weiß, Höhe 22 bzw. 18cm, beide ca. 1911
Seite 74: Englischer Windhund (WVZ 157). Bronze, Höhe 33cm, 1916
Windhund liegend (WVZ 160b). Bronze, Höhe 14cm, vor 1915
Seite 76: Katze (WVZ 174). Porzellan, Hutschenreuther, weiß, Höhe 30cm, ca. 1920
Katze (WVZ 171). Stein, Höhe 62cm, ca. 1943
Seite 78: Fischreiher (WVZ 65). Bronze, Höhe 23cm, ca 1918
Seite 80: Ara (WVZ 128). Bronze, Höhe 50cm, vor 1920
Zwerghahn und Zwerghenne (WVZ 83, WVZ 82). Bronze, Höhe 26 bzw 22cm, ca. 1918
Seite 82: Mandarinerpel (WVZ 91). Bronze, Höhe 20cm, ca. 1919
Seite 84: Zwergohreule (WVZ 29). Bronze, Höhe 18cm, vor 1920
Seite 86: Habicht (WVZ 42). Porzellan, Hutschenruther, weiß, Höhe 37cm, vor 1920
Bussard (WVZ 45). Bronze, Höhe 26cm, ca. 1920

Seite 88: Junge Dohle (WVZ 72). Bronze, Höhe 21cm, vor 1920
Seite 90: Zwergrohrdommel (WVZ 96, WVZ 97). Bronze, Höhe 18,5 bzw 19,5cm, ca. 1920
Seite 92: Bussard (WVZ 43a). Porzellan. Hutschenreuther, Höhe 52cm, ca. 1920
Seite 94: Adler (WVZ 15). Diabas, Höhe 75cm, ca. 1922
Seite 96: Marabu (WVZ 68). Bronze, Höhe 38cm, ca. 1912
Seite 98: Kondor (WVZ 3). Bronze, Höhe 95cm, vor 1928
Seite 100: Wanderfalke (WVZ 52). Bronze, Höhe 47cm, 1944
Habicht (WVZ 47). Bronze, Höhe 53cm, ca. 1930
Seite 102 Jungfernkranich (WVZ 62). Bronze, Höhe 48cm, 1944
Seite 104: Zwerghahn (WVZ 84). Bronze, Höhe 35cm, 1944
Seite 106: Rehgeiß (WVZ 144). Bronze, Höhe 70cm, 1930
Rehgeiß (WVZ 143). Bronze, Höhe 60cm, 1944
Seite 116+117: Coversationshaus zu Norderney, März 2010. Foto: Schmidt
Seite 122f. Wilhelm Krieger im Atelier mit dem Uhu, 1937

Umschlagrückseite: Wilhelm Krieger im Garten, um 1940

Autoren:

Manfred Bätje, Stadtarchivar Norderney

Dr. Dorothea Grube, Kunsthistorikerin

Dr. Ludwig Gurlitt (1855 - 1931) war ein aus Österreich gebürtiger deutscher Reformpädagoge.
Gurlitt studierte in Göttingen und Berlin und lehrte an Gymnasien in Hamburg, am Gymnasium Steglitz und in Freudenstadt. Die während seiner Steglitzer Zeit entstandene Wandervogelbewegung förderte Gurlitt intensiv.

Dr. Ludwig Heck (1860 - 1951) war Biologe und Zoodirektor in Berlin. Der promovierte Zoologe und Geheimrat Ludwig Heck war Direktor des Berliner Zoo von 1888 bis 1931.

Hermann Obrist (1862 - 1927) war Bildhauer und einer der Begründer des Jugendstil

Baron Fritz von Ostini (1861-1927), Autor und jahrelang Literaturkritiker der wichtigsten Regionalzeitung, der "Münchner Neuesten Nachrichten", danach Chefredakteur der legendären Zeitschrift "Jugend", könnte als einer der Starjournalisten des damaligen Münchens gelten.

Dr. Martin H. Schmidt, Kunsthistoriker

Volker Tank, Zoologe

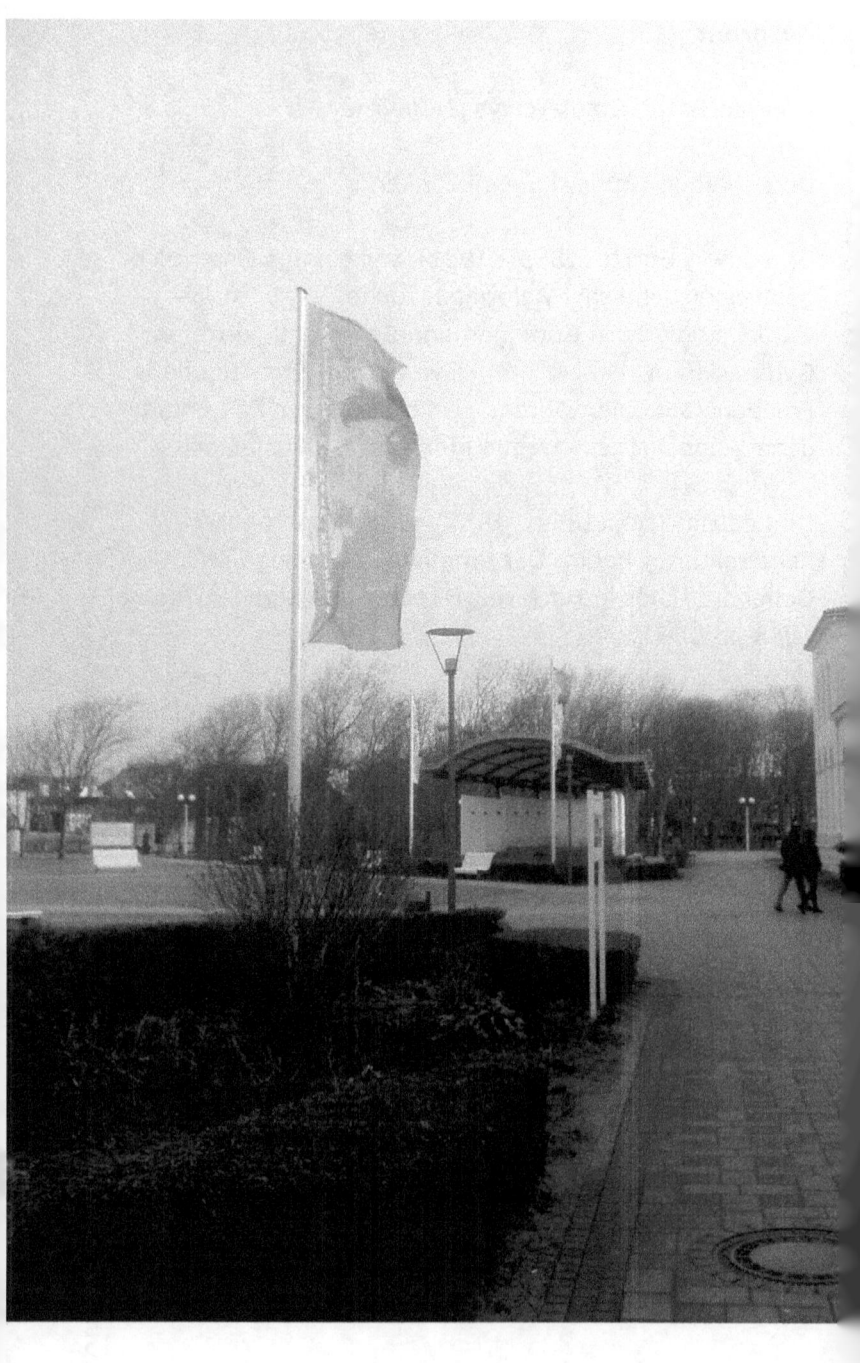

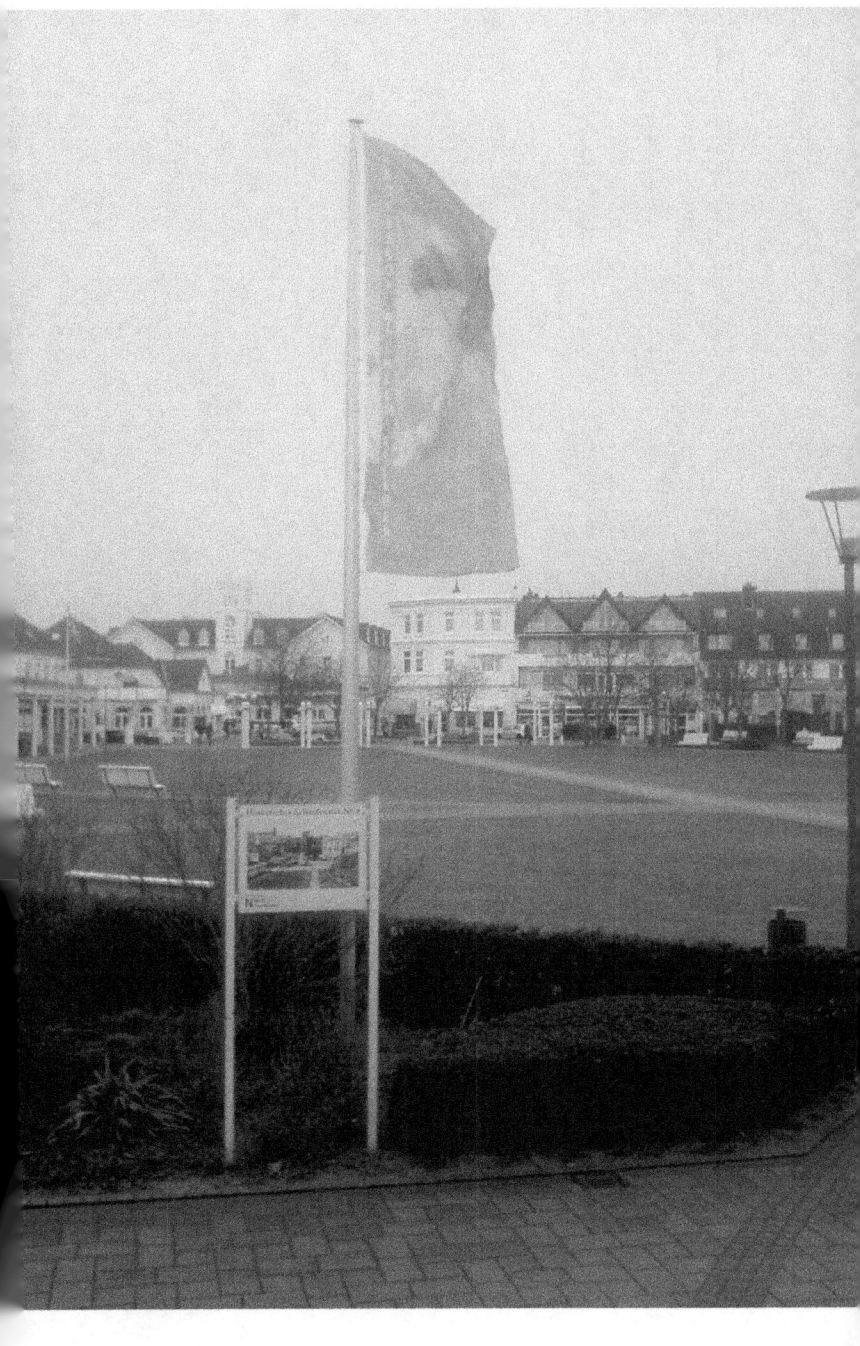

Mit freundlicher Unterstützung durch:

Hajo und Susanne Krieger, Herrsching

Impressum

Regardeur im Internet: www.curator4art.de
© 2010 Dr. phil. Martin H. Schmidt
61440 Oberursel/Ts., Zimmersmühlenweg 73
Tel: 06171 703 661
eMail: info@curator4art.de

Alle Rechte vorbehalten
ISSN 1861 0919
ISBN 9 783839 112847
Regardeur Heft 4 / 2010[2]

© bei den Autoren, wenn nicht anders angegeben
© für alle Fotos bei Hajo und Susanne Krieger, wenn nicht anders angegeben
Herausgeber: Martin H. Schmidt (V.i.S.d.P.)

2. Auflage: 2010

Gestaltung durch den Herausgeber
Herstellung und Verlag: Books on Demand GmbH, Norderstedt

Regardeur IV

Schriftenreihe für Kunst | Künstler | Betrachter

Regardeur
Schriftenreihe für Kunst | Künstler | Betrachter

Herausgegeben von Martin H. Schmidt

Heft Nr.1 Fritz Best Kronberg – neu gesehen
  (2004)

Heft Nr.2 Schaffenskraft Migration – Angelina Gradisnik
  (2007)

Heft Nr.3 Franz Eckert – Li Mirok – Yun Isang.
  Botschafter fremder Kulturen. Deutschland – Korea
  (2008)

Heft Nr.4 Wilhelm Krieger Tierbildhauer und Professor
  (Norderney 1877- Herrsching 1945)

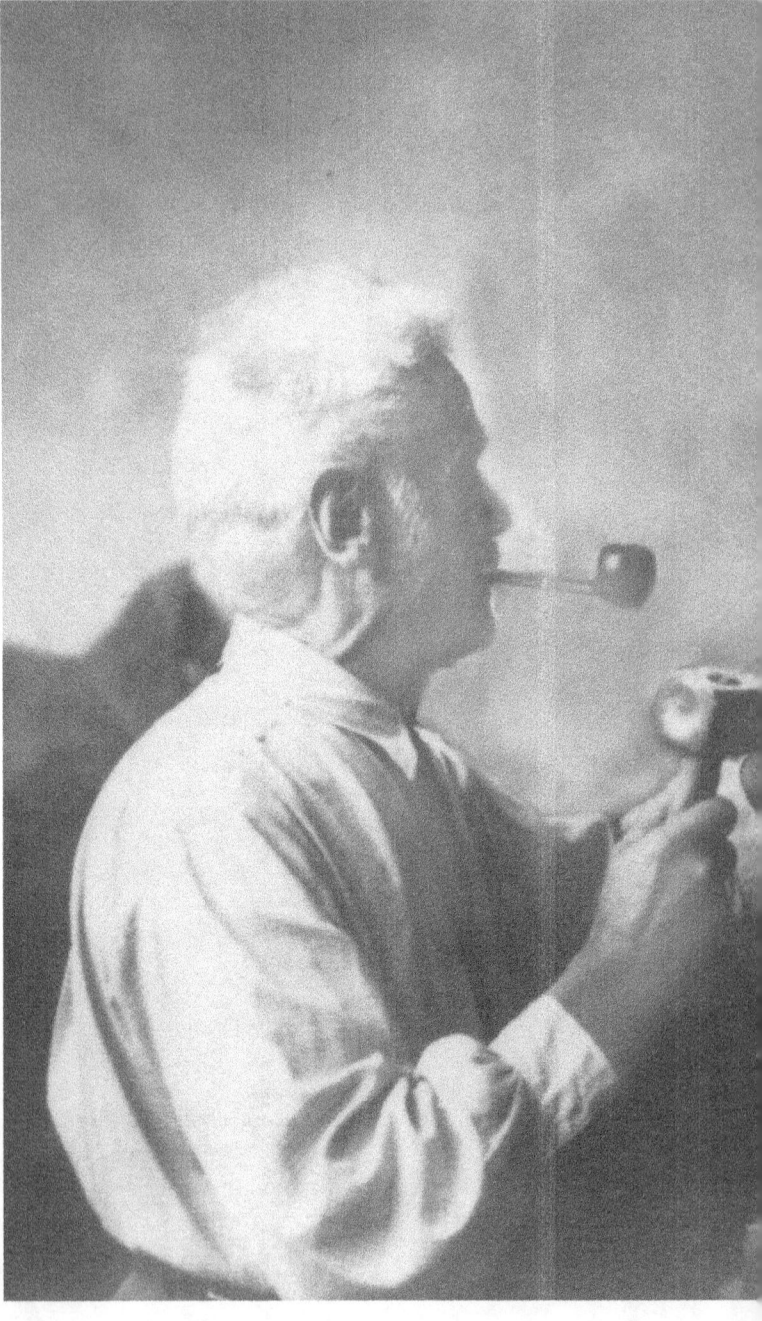

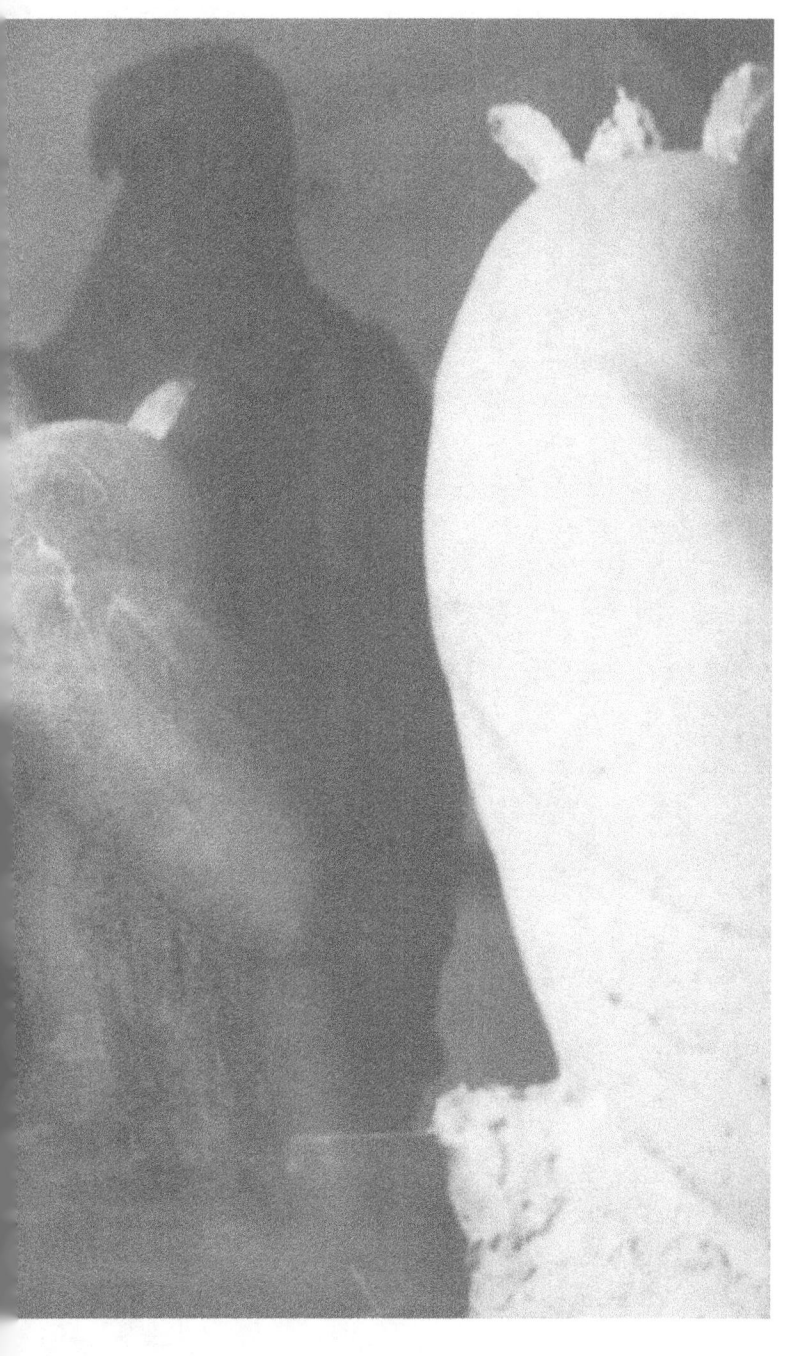

www.ingramcontent.com/pod-product-compliance
Lightning Source LLC
Chambersburg PA
CBHW070258230526
45470CB00002B/636